dtv

«Sprachen lernen und Literatur lesen» oder auch umgekehrt «Literatur lesen und Sprachen lernen» ist der
Vorschlag und das Angebot der Reihe dtv zweisprachig.
Mit dieser pädagogischen Methode kann man ganz früh
beginnen, nämlich: gleich.

In den Lesebüchern der englischen Grundschulen stehen
– von den ersten zusammenhängenden Sätzen bis zu den
ersten richtig literarischen Geschichten – viele reizvolle
kleine Texte. Aus solchen Texten und den parallel dazu
gedruckten Übersetzungen haben wir ein ebenso unter-
haltsames und vergnügliches wie interessantes und lehr-
reiches Taschenbuch gemacht, ein von Leicht bis Noch-
nicht-schwierig fortschreitendes Lektüre-Büchlein für
Englisch-Anfänger. Erwachsene werden ebensoviel Spaß
daran haben wie Kinder; der Unterschied ist kleiner, als
man denkt.

FIRST READER

ERSTE ENGLISCHE LESESTÜCKE

Auswahl und Übersetzung von Hella Leicht

Illustrationen von Frieda Wiegand

Deutscher Taschenbuch Verlag

dtv zweisprachig
Begründet von Kristof Wachinger-Langewiesche

Originalausgabe / Neuübersetzung
1. Auflage 1988. 19. Auflage September 2006
Deutscher Taschenbuch Verlag GmbH & Co. KG, München
Copyright-Notizen Seite 129
Umschlagkonzept: Balk & Brumshagen
Umschlagbild: Frieda Wiegand
Gedruckt auf säurefreiem, chlorfrei gebleichtem Papier
Gesamtherstellung: Kösel, Krugzell
Printed in Germany
ISBN-13: 978-3-423-09252-4
ISBN-10: 3-423-09252-1

No Difficulties

After his Lordship had been abroad on holiday he was asked in his club if he had had any difficulty with the language.
"I didn't," he replied, "but the natives did."

Keine Schwierigkeiten

Nachdem Seine Lordschaft im Ausland Urlaub gemacht hatte, fragte man ihn in seinem Club, ob er Schwierigkeiten mit der Sprache gehabt habe.
«Ich nicht», antwortete er, «aber die Einheimischen.»

Birthday

It was Robert's birthday. He was five. He saw the postman going along the street. The postman was reading the name on a letter. It was Robert's name. The postman came to Robert's house and Robert got a birthday card. It had a big 5 on it. It had *Happy Birthday on it.* It had Robert's name on it too. Robert's birthday card was red and green and yellow. It was from Karen.

Robert got ice cream on his birthday and he got a birthday present in a box. The box had his name on it. It was from his mummy and daddy. The box had cars in it. It had green cars and yellow cars and a big police car. Robert went to play with his cars.

Karen and Tommy came to see his present. Karen said: "Happy birthday Robert." Tommy said: "Happy birthday Robert." Robert let them play with his cars. Robert said: "I am five. I am a big boy and I am going to school with Karen and Tommy."

Every Day

Tommy's mummy is going to her work. She is going in the bus. She works in a shop in Hill Street. Tommy is with her and he is going to school.

Tommy's mummy is in her shop. A little boy is going to get a birthday card. A bus driver is in the shop too and he is going to get a paper.

Karen's daddy is at his work. He is a policeman. He is the driver in a police car.

Geburtstag

Robert hatte Geburtstag. Er war fünf. Er sah den Postboten die Straße entlanggehen. Der Postbote las den Namen auf einem Brief. Es war Roberts Name. Der Postbote kam zu Roberts Haus, und Robert erhielt eine Geburtstagskarte. Es stand eine große 5 darauf. Es stand *Herzlichen Glückwunsch zum Geburtstag* darauf. Es stand auch Roberts Name darauf. Roberts Geburtstagskarte war rot und grün und gelb. Sie war von Karen.

Robert bekam Eis an seinem Geburtstag, und er bekam ein Geburtstagsgeschenk in einer Schachtel. Auf der Schachtel stand sein Name. Sie war von seiner Mama und seinem Papa. In der Schachtel waren Autos. Es waren grüne Autos und gelbe Autos und ein großes Polizeiauto. Robert ging, um mit seinen Autos zu spielen.

Karen und Tommy kamen, um sein Geschenk anzuschauen. Karen sagte: «Herzlichen Glückwunsch, Robert.» Tommy sagte: «Herzlichen Glückwunsch, Robert.» Robert ließ sie mit seinen Autos spielen. Robert sagte: «Ich bin fünf. Ich bin ein großer Junge, und ich gehe mit Karen und Tommy in die Schule.»

Alltag

Tommys Mama ist auf dem Weg zur Arbeit. Sie fährt mit dem Bus. Sie arbeitet in einem Laden in der Bergstraße. Tommy geht zusammen mit ihr; er fährt zur Schule.

Tommys Mama ist in ihrem Laden. Ein kleiner Junge möchte eine Geburtstagskarte kaufen. Ein Busfahrer ist auch im Laden; er möchte eine Zeitung kaufen.

Karens Papa ist im Dienst. Er ist Polizist. Er ist Fahrer eines Polizeiautos.

Tommy's mummy stopped work at five o'clock. She got bread and milk at the shops and she went home for tea. Tommy had tea with his mummy and he went out to play with Karen.

Karen's daddy stopped work at five o'clock. He came home in the police car and he had his tea. He saw Tommy and Karen playing in the park.

Karen at the Zoo

Karen was in Hill Street one day. She was going to school. Karen came to the bus stop. A big bus was at the bus stop. The driver was going into the bus. Karen was reading the name on the bus. It was ZOO PARK. The bus was going to the zoo. Karen liked the zoo park and she liked the big bus. Karen went into the bus. The bus went to Park Street. It went along Park Street and it came to the bus stop at the zoo park.

Karen went into the park. The zoo park was a big park. It had lions and polar bears and giraffes. It had sea lions and fish and a crocodile. Karen went to the polar bears. She liked the little bears. Karen went to the lions and she went to the giraffes. She liked the big giraffes. Karen met

Tommys Mama hörte um fünf Uhr mit der Arbeit auf. Sie kaufte Brot und Milch in den Geschäften und fuhr nach Hause zum Essen. Tommy aß mit seiner Mama und ging hinaus, um mit Karen zu spielen.

Karens Papa hörte um fünf Uhr mit dem Dienst auf. Er kam im Polizeiauto nach Hause und aß zu Abend. Er sah Tommy und Karen im Park spielen.

Karen im Tierpark

Karen war einmal in der Bergstraße. Sie war auf dem Weg zur Schule. Karen kam zur Bushaltestelle. An der Haltestelle stand ein großer Bus. Der Fahrer stieg in den Bus ein. Karen las das Schild am Bus. *Tierpark* stand darauf. Der Bus fuhr zum Tierpark. Karen fand den Tierpark schön und sie fand den großen Bus schön. Karen stieg in den Bus. Der Bus fuhr zur Parkstraße. Er fuhr die Parkstraße entlang und kam zur Haltestelle am Tierpark.

Karen ging in den Park hinein. Der Tierpark war ein großer Park. Es gab darin Löwen und Eisbären und Giraffen. Es gab darin Seelöwen und Fische und ein Krokodil. Karen ging zu den Eisbären. Ihr gefielen die kleinen Bären. Karen ging zu den Löwen, und sie ging zu den Giraffen. Sie mochte die großen Giraffen gern.

the penguins and she liked them too. She went
to the crocodile and the big fish.

Karen saw a little bus in the park and she went
on it. She liked the little bus. The bus went to a
little shop in the park. Karen went into the little shop and she met a man with milk. She got
milk in the shop and she got a postcard with
penguins on it. She went and sat with a little
boy and his mummy.

She was going to see the elephant and she saw
a policeman. The policeman saw Karen and he
said: "Stop little girl."

Karen said her name was Karen Scott. She said
she went to Hill Street school. She said she
came to the zoo in a bus. Karen went with the
policeman to his car. It was a big car and Karen
saw POLICE on it. She went into the police car
with the policeman. They came to Hill street
school and Karen went in with the policeman.

Her daddy was in school with the teacher. The
policeman said: "Karen was in the zoo park."
Karen's daddy said: "In the zoo park?" Karen's
teacher said: "In the zoo park?" Karen said: "I
went in a bus. I saw ZOO PARK on it."

Karen went home with her daddy and she was
sent to bed. Karen said: "I liked the zoo park but
I was a silly girl."

Going to School

One day Linda was going to school by herself.
She met the postman at the pillar box. She met
a big girl with a puppy. She saw a bus with a 5
on it. She saw men working on the street. She

10
11

Karen begegnete den Pinguinen, und die mochte sie auch. Sie ging zum Krokodil und zum großen Fisch.

Karen sah einen kleinen Bus im Park und stieg ein. Sie mochte den kleinen Bus. Der Bus fuhr zu einem kleinen Laden im Park. Karen ging in den kleinen Laden hinein und fand einen Mann, der hatte Milch. Sie kaufte Milch in dem Laden, und sie kaufte eine Ansichtskarte mit Pinguinen darauf. Sie setzte sich zu einem kleinen Jungen und seiner Mutter.

Sie wollte den Elefanten sehen, und sie sah einen Polizisten. Der Polizist sah Karen und sagte: «Halt, kleines Mädchen.»

Karen sagte, ihr Name sei Karen Scott. Sie sagte, sie gehe in die Schule in der Bergstraße. Sie sagte, sie sei mit einem Bus zum Tierpark gefahren. Karen ging mit dem Polizisten zu seinem Auto. Es war ein großes Auto, und Karen las darauf *Polizei*. Sie stieg mit dem Polizisten in das Polizeiauto. Sie kamen zur Schule in der Bergstraße, und Karen ging mit dem Polizisten hinein.

Ihr Papa war in der Schule bei der Lehrerin. Der Polizist sagte: «Karen war im Tierpark.» Karens Papa sagte: «Im Tierpark?» Karens Lehrerin sagte: «Im Tierpark?» Karen sagte: «Ich fuhr mit einem Bus. Ich las darauf *Tierpark*.»

Karen ging mit ihrem Papa nach Hause und wurde ins Bett geschickt. Karen sagte: «Ich fand den Tierpark schön, aber ich war ein dummes Mädchen.»

Der Schulweg

Eines Tages ging Linda allein zur Schule. An der Briefkastensäule begegnete sie dem Postboten. Sie begegnete einem großen Mädchen mit einem jungen Hund. Sie sah einen Bus mit einer 5 darauf. Sie sah Männer, die an der

went past some shops. She went past the ice cream van. She came to Hill Street. She saw Tommy's mummy at the bus stop. She saw Karen's daddy in his car. She saw the milkman on the street. She had to cross the street and she went to the lollipop lady.

The lollipop lady had a big lollipop. It was red and yellow and black and it had STOP CHILDREN on it. The lollipop lady went on to the street with her lollipop. A black car had to stop. A red bus and a big lorry had to stop too. The drivers saw the writing on the lollipop. Linda crossed the street and she went into school.

She told her teacher she came to school by herself. She told the teacher she saw a big girl with a puppy and a postman with letters. She said some men were working on the street.

Straße arbeiteten. Sie ging an einigen Läden vorbei. Sie ging an dem Eiswagen vorbei. Sie kam zur Bergstraße. Sie sah Tommys Mutter an der Bushaltestelle. Sie sah Karens Papa in seinem Auto. Sie sah den Milchmann auf der Straße. Sie musste die Straße überqueren und ging zur Lutscher-Frau.

Die Lutscher-Frau hatte einen großen Lutscher. Er war rot und gelb und schwarz, und es stand *Halt, Kinder* darauf. Die Lutscher-Frau ging mit ihrem Lutscher auf die Straße. Ein schwarzes Auto musste anhalten. Ein roter Bus und ein großer Lastwagen mussten auch anhalten. Die Fahrer sahen die Schrift auf dem Lutscher. Linda überquerte die Straße und ging in die Schule.

Sie erzählte der Lehrerin, dass sie allein zur Schule gegangen sei. Sie erzählte ihr, dass sie ein großes Mädchen mit einem jungen Hund gesehen habe und einen Postboten mit Briefen. Sie sagte, dass einige Männer an der Straße gearbeitet hätten.

Linda's Shop and Uncle Dick's Monkey

Linda made a shop in school. The shop had bread, potatoes, sausages, books, postcards, comics, milk and lollipops.

The children all came to look at Linda's shop. Ben came to the shop and he got potatoes and a comic from Linda. Robert came and he got sausages and bread. The teacher got milk and a book. They all liked Linda's shop.

Robert had a picture of his uncle Dick. Uncle Dick had a little monkey. The children liked the picture of the monkey. Robert told them the monkey's name was Nicky.

Uncle Dick came to school with Nicky. All the children stopped working and they came to see the little monkey.

Suddenly Nicky got away from Uncle Dick. He jumped on to Linda's shop. He spilled the milk on the comics. Then he put the sausages in the milk. Next he put the postcards in the milk too.

Uncle Dick shouted: "Stop, you naughty monkey," and he took Nicky away.

Powerful Magic

An African witch-doctor had stayed in England for a month and was telling his friends back home what he had experienced.

"The English," he said, "have really powerful magic. I have seen it myself. Thousands of

Lindas Laden und Onkel Dicks Affe

Linda richtete in der Schule einen Laden ein. In dem Laden gab es Brot, Kartoffeln, Würstchen, Bücher, Ansichtskarten, Comic-Hefte, Milch und Lutscher.
Alle Kinder kamen, um Lindas Laden anzuschauen. Ben kam zum Laden und kaufte Kartoffeln und ein Comic-Heft bei Linda. Robert kam und kaufte Würstchen und Brot. Die Lehrerin kaufte Milch und ein Buch. Allen gefiel Lindas Laden.

Robert hatte ein Foto von seinem Onkel Dick. Onkel Dick hatte einen kleinen Affen. Den Kindern gefiel das Bild von dem Affen. Robert erzählte, dass der Affe den Namen Nicky habe.
Onkel Dick kam mit Nicky zur Schule. Alle Kinder hörten auf zu arbeiten und kamen, um den kleinen Affen anzuschauen.
Plötzlich entwischte Nicky dem Onkel Dick. Er sprang auf Lindas Ladentisch. Er goss die Milch über die Comic-Hefte. Dann legte er die Würstchen in die Milch. Als nächstes legte er auch noch die Ansichtskarten in die Milch.
Onkel Dick rief: «Hör auf, du unartiger Affe!» und brachte Nicky fort.

Starke Zauberei

Ein afrikanischer Medizinmann war einen Monat in England gewesen und erzählte seinen Freunden zu Hause, was er erlebt hatte.
«Die Engländer», sagte er, «verfügen über eine sehr starke Zauberei. Ich habe es selber gesehen. Tausende

people pay to go into a huge kind of arena. Then two men in white coats walk on to the middle of the field and push two sets of three sticks into the ground. Then eleven men wearing white shirts and long white trousers run out, and soon after that two more men wearing leg-armour and carrying clubs come out and stand in front of the sticks."

"Yes, and what happens then?"

"Then it begins to rain."

Wet Holiday

The rain is coming down
On the street, on the town.
It is coming down
Plop plop plop.

I'm not at school today
But I can't go out to play
And I wish it would
Stop stop stop.

There's a lorry going past
And it's going very fast
And its wheels are going
Swish swish swish,

And I think the only way
To have fun on such a day
Is to be a little
Fish fish fish.

von Menschen zahlen, um in eine Art riesigen Kampfplatz zu kommen. Dann gehen zwei Männer in weißen Mänteln zur Mitte des Platzes und stoßen zweimal drei Stöcke in den Boden. Dann laufen elf Männer in weißen Hemden und weißen langen Hosen hinaus; bald danach kommen noch zwei Männer, die Schutzkleidung an den Beinen haben und Schlagstöcke tragen; sie bleiben vor den Stöcken stehen.»

«Und was passiert dann?»

«Dann fängt es an zu regnen.»

Nasser Ferientag

Der Regen kommt herunter
Auf Straßen und auf Häuser
Ein endlos langer
Guss Guss Guss.

Ich bin nicht in der Schule,
Ich möchte raus zum Spielen,
Ich wollt, es wäre
Schluss Schluss Schluss.

Ein Laster fährt vorüber.
Er hat es ziemlich eilig,
Die Räder machen
Zisch Zisch Zisch.

Ich glaub, bei solchem Wetter
Wär es das einzig Wahre,
Man wär ein kleiner
Fisch Fisch Fisch.

Blacky

It was Linda's birthday and she was six. She got some birthday cards and some presents. She went to the pet shop with her daddy to get a puppy. She saw five puppies in the pet shop. She liked the black puppy best so her daddy got him for her and she took him home.

Linda's mummy gave the puppy a basket and she put a blanket in it. She said to Linda: "What is his name?" Linda said it was Blacky. Blacky got something to eat and something to drink and he went to sleep in his basket. Linda's daddy put the basket beside the fire.

Linda got a card from her mummy. She put Blacky's name on it and her daddy tied it to the basket. Linda's Auntie Betty came in to see the puppy. She said: "What a lovely puppy. I see his name is Blacky." Linda was very happy.

The puppy got a red collar with his name on it. Linda tied a string to the collar and she took the puppy out for a walk. She went and got Robert and he came with her.

Blacky

Linda hatte Geburtstag, sie war sechs. Sie bekam einige Geburtstagskarten und einige Geschenke. Sie ging mit dem Papa in die Tierhandlung, um einen jungen Hund zu kaufen. Sie sah fünf junge Hunde in dem Laden. Der schwarze gefiel ihr am besten, deshalb kaufte ihr Papa ihn für sie, und sie nahm ihn mit nach Hause.

Lindas Mama gab dem Hündchen einen Korb und legte eine Decke hinein. Sie sagte zu Linda: «Wie soll er heißen?» Linda sagte, er solle Blacky heißen. Blacky bekam etwas zu fressen und etwas zu trinken und schlief in seinem Korb ein. Lindas Papa stellte den Korb neben den Kamin.

Linda bekam ein Schild von ihrer Mama. Sie schrieb Blackys Namen darauf, und ihr Papa band das Schild am Korb fest. Lindas Tante Betty kam zu Besuch, um das Hündchen anzuschauen. Sie sagte: «Was für ein süßer, kleiner Hund. Ich sehe, er heißt Blacky.» Linda war sehr glücklich.

Das Hündchen bekam ein rotes Halsband mit seinem Namen drauf. Linda band eine Schnur am Halsband fest und ging mit dem Hündchen spazieren. Sie ging und holte Robert ab, und er kam mit.

They saw some workmen with a lorry and a little fire. The workmen had made a big hole in the road. Robert and Linda went to see the hole. It was very deep.

They went to see the lorry. It had a lot of sand in it. The workmen took down the back of the lorry and all the sand fell out on to the road.

Then Robert and Linda went to see the little fire. A workman was making tea on it. Then Linda said: "Where is Blacky?"

Blacky was not on the string.

He was not beside the lorry.

He was not under the lorry.

He was not with the workmen.

He was down the big hole.

Blacky was frightened and he barked and barked. He tried to get out by himself but the hole was too deep. Robert tried to get Blacky out but the hole was too deep. Linda tried to get Blacky out but the hole was too deep.

So they ran and told the workmen that the puppy was down the hole. One of the workmen came to look down the hole and he saw Blacky. He said: "I'll get the puppy out for you." He went down into the hole and he got the puppy out again.

Blacky had sand on his nose and sand on his paws and sand on his tail but he was not hurt. He was very happy to get out of the deep hole.

Linda said: "Naughty Blacky" but she was very happy to get him back. She said: "Thank you" to the workmen. Then she tied the string back on Blacky's collar and the children went home with him for something to eat.

Sie sahen einige Arbeiter mit einem Lastwagen und einer kleinen Feuerstelle. Die Arbeiter hatten ein großes Loch in die Straße gemacht. Robert und Linda sahen sich das Loch an. Es war sehr tief.

Sie sahen sich den Lastwagen an. Es lag eine Menge Sand darauf. Die Arbeiter klappten die Rückwand des Lastwagens herunter, und aller Sand fiel auf die Straße.

Dann sahen Robert und Linda sich die kleine Feuerstelle an. Ein Arbeiter kochte sich Tee auf dem Feuer.

Da sagte Linda: «Wo ist Blacky?»

Blacky war nicht am Band.

Er war nicht neben dem Lastwagen.

Er war nicht unter dem Lastwagen.

Er war nicht bei den Arbeitern.

Er war unten in dem großen Loch.

Blacky hatte Angst, und er bellte und bellte. Er versuchte, allein herauszukommen, aber das Loch war zu tief. Robert versuchte, Blacky herauszuholen, aber das Loch war zu tief. Linda versuchte, Blacky herauszuholen, aber das Loch war zu tief.

Deshalb liefen sie zu den Arbeitern und erzählten ihnen, daß der kleine Hund unten im Loch sei. Einer der Arbeiter kam und blickte hinunter in das Loch und sah Blacky. Er sagte: «Ich werde euch den kleinen Hund herausholen.» Er stieg hinunter in das Loch und holte das Hündchen wieder heraus.

Blacky hatte Sand auf der Nase und Sand an den Pfoten und Sand am Schwanz, aber er war nicht verletzt. Er war sehr froh, dass er aus dem tiefen Loch heraus war.

Linda sagte: «Unartiger Blacky», aber sie war froh, dass sie ihn wieder hatte. Sie sagte: «Vielen Dank» zu den Arbeitern. Dann band sie die Schnur wieder an Blackys Halsband fest, und die Kinder gingen mit ihm nach Hause, um etwas zu essen.

Bed in Summer

In winter I get up at night
And dress by yellow candle-light.
In summer, quite the other way,
I have to go to bed by day.

I have to go to bed and see
The birds still hopping on the tree,
Or hear the grown-up people's feet
Still going past me in the street.

And does it not seem hard to you,
When all the sky is clear and blue,
And I should like so much to play,
To have to go to bed by day?

Robert Louis Stevenson

A Miraculous Mixture

"Roll up! Roll up!" called the fairground quack
doctor. "This miraculous mixture actually cures
old age. You only have to look at me to see the
proof of its power. I am over two hundred and
fifty years old."
One astonished young man in the crowd turned
to the quack's beautiful young assistant and said:
"Say, Miss, is what the gentleman says really
true? Is he really over two hundred and fifty
years old?"
"I'm afraid I can't really say," replied the quack's
assistant. "I've only been working for him for
the last ninety-three years."

Schlafengehen im Sommer

Im Winter steh ich auf bei Nacht
Und zieh mich an bei Kerzenschein.
Im Sommer ist es umgekehrt:
Ich muss am hellen Tag zu Bett.

Ich muss zu Bett und sehe noch
Die Vögel hüpfen durch den Baum
Und höre noch dicht neben mir
Den Schritt der Leute auf dem Weg.

Ihr findet es wohl gar nicht schlimm
Wenn klar und blau der Himmel ist
Und ich so gerne spielen möcht,
Dass ich ins Bett muss, noch bei Tag?

Ein Wundermittel

«Hierher, kommen Sie hierher!» rief der Kirmes-Quack-
salber. «Dieses wunderbare Mittel wirkt tatsächlich gegen das Altern. Sie brauchen nur mich anzusehen, um
den Beweis seiner Kraft festzustellen. Ich bin über zweihundertfünfzig Jahre alt.»
Ein erstaunter junger Mann in der Menge wandte sich an
die bildhübsche junge Assistentin des Quacksalbers und
fragte: «Sagen Sie, Fräulein, ist es wirklich wahr, was
dieser Herr sagt? Ist er wirklich über zweihundertfünfzig
Jahre alt?»
«Ich kann es leider nicht mit Bestimmtheit sagen», antwortete die Assistentin. «Ich arbeite erst seit dreiund-
neunzig Jahren für ihn.»

A Winter Story

One day Kim and Kevin went home after school. It was winter time and it was getting dark. When they got home the lights were on and the house was lovely and warm. Kim took her coat off and went to play with her puppy. Kevin took his coat off and went to play with his racing cars.

Then suddenly all the lights went out. Everything was dark and Kim and Kevin could not see. The puppy ran away from Kim. They heard their mummy calling: "I'm here, Kim. Stay where you are. I'm going to look for a candle. Daddy put them in a box". Their mummy tried to find the box. She fell over the puppy in the dark and bumped into a door. Kim called: "Mummy, are you hurt?" but her mummy said she was all right. She found a box and opened it but it was empty. Where were the candles?

Then Kevin called: "I saw daddy putting a box under my bed". So she felt under Kevin's bed and found the box. It had four big candles in it. She lit a candle and they had their tea by candlelight.

Daddy was surprised when he came home. The children told their daddy the lights went out. He said: "I'll soon get them on again". He got another candle. He lit it and he went to look at the fuse box.

Kim and Kevin and mummy sat at the table. They made up a song about the lights going out. Then daddy mended the fuse and all the lights came on again. Kim found the puppy under the bed. They blew out all the candles and they sang the song again.

Eine Wintergeschichte

Eines Tages gingen Kim und Kevin nach der Schule heim. Es war Winter, und es wurde dunkel. Als sie nach Hause kamen, waren die Lampen an, und das Haus war gemütlich und warm. Kim zog den Mantel aus und spielte mit ihrem jungen Hund. Kevin zog den Mantel aus und spielte mit seinen Rennautos.

Da gingen plötzlich alle Lichter aus. Alles war dunkel, und Kim und Kevin konnten nicht sehen. Das Hündchen lief von Kim fort. Sie hörten ihre Mama rufen: «Ich bin hier, Kim. Bleibt, wo ihr seid. Ich werde nach einer Kerze suchen. Papa hat sie in eine Schachtel gelegt.» Ihre Mama versuchte die Schachtel zu finden. Sie stolperte im Dunkeln über das Hündchen und stieß heftig gegen eine Tür. Kim rief: «Mama, hast du dir weh getan?» Aber ihre Mama sagte, es gehe ihr gut. Sie fand eine Schachtel und öffnete sie, aber sie war leer. Wo waren die Kerzen?

Dann rief Kevin: «Ich habe gesehen, wie Papa eine Schachtel unter mein Bett gestellt hat.» Darum fühlte sie unter Kevins Bett nach und fand die Schachtel. Es lagen vier große Kerzen darin. Sie zündete eine Kerze an, und sie aßen bei Kerzenlicht ihr Abendbrot.

Papa war erstaunt, als er nach Hause kam. Die Kinder erzählten ihrem Papa, dass das Licht ausgegangen sei. Er sagte: «Ich werde es gleich wieder anmachen.» Er nahm sich eine andere Kerze. Er zündete sie an und ging, um sich den Sicherungskasten anzuschauen.

Kim und Kevin und Mama saßen am Tisch. Sie dachten sich ein Lied aus darüber, wie das Licht ausgegangen war. Dann richtete Papa die Sicherung, und alle Lichter gingen wieder an. Kim fand das Hündchen unterm Bett. Sie bliesen alle Kerzen aus und sangen noch einmal das Lied.

The Kitchen Song

When I was in the kitchen,
In the kitchen, in the kitchen,
When I was in the kitchen
The lights all went out.

I looked for a candle,
for a candle, for a candle,
I looked for a candle
When the lights all went out.

Then daddy went to mend them,
To mend them, to mend them,
Then daddy went to mend them
When the lights all went out.

The lights are all on again,
All on again, all on again,
The lights are all on again,
Hip, hip, hip hooray.

A Good Day

26 We had a good day yesterday, it only rained
27 twice, all morning and all afternoon.

Das Küchenlied

Grad war ich in der Küche,
In der Küche, in der Küche,
Grad war ich in der Küche,
Da ging das Licht aus.

Ich suchte eine Kerze,
Eine Kerze, eine Kerze,
Ich suchte eine Kerze,
Als das Licht aus war.

Der Papa hat's gerichtet,
gerichtet, gerichtet,
Der Papa hat's gerichtet,
Als das Licht aus war.

Nun ist's schon wieder an,
wieder an, wieder an,
Nun ist's schon wieder an,
Halli und hallo!

Ein schöner Tag

Gestern hatten wir's schön: Es regnete nur zweimal, den
ganzen Morgen und den ganzen Nachmittag.

Little Ping-Pong lived in a cave with his mother and his father and his brothers. He had three big brothers. The cave was on the side of a high mountain. Outside the cave there was green grass and a path. The path went up into the big dark forest.

One day Ping-Pong was playing on the grass. He looked up to the big dark forest and he saw the path going up into the trees. One of his big brothers came along and he said: "Ping-Pong, you mustn't go up into the big dark forest". Ping-Pong said: "Why not?" and his brother said: "Because the big black bear will get you and eat you up".

So Ping-Pong stayed on the grass beside the cave. Then he saw a big red butterfly and he tried to catch it. It flew away and Ping-Pong ran after it. He was a fat panda so he couldn't run very fast. He didn't look where he was going until he saw that he was in the big dark forest. Ping-Pong stopped. He looked for the butterfly but it was not there.

He looked down at his feet. He wasn't on the path. He was among the big trees. He looked up to see the sun but it was not there. He was lost. He sat down on a big stone because he felt tired.

Then a little bird came hopping along. Ping-Pong said: "Little bird, little bird, can you tell me how to get out of the big dark forest? I want to go home to my cave". The little bird said: "I don't know. I never go out of the forest. I fly up into a tree when the big black bear comes

Der kleine Pandabär

Der kleine Ping-Pong lebte mit seiner Mutter und seinem Vater und seinen Brüdern in einer Höhle. Er hatte drei große Brüder. Die Höhle lag am Hang eines hohen Berges. Draußen vor der Höhle gab es grünes Gras und einen Pfad. Der Pfad führte hinauf in den großen dunklen Wald.

Eines Tages spielte Ping-Pong im Gras. Er sah hinauf zum großen dunklen Wald, und er sah den Pfad, der hinauf in die Bäume führte. Einer seiner großen Brüder kam herbei und sagte: «Ping-Pong, du darfst nicht in den großen dunklen Wald gehen.» Ping-Pong sagte: «Warum nicht?» Sein Bruder sagte: «Weil der große schwarze Bär dich erwischen und auffressen wird.»

Deshalb blieb Ping-Pong auf dem Gras neben der Höhle. Dann sah er einen großen roten Schmetterling, und er versuchte ihn zu fangen. Der Schmetterling flog fort, und Ping-Pong lief hinterher. Er war ein dicker Panda, darum konnte er nicht sehr schnell laufen. Er achtete nicht darauf, wo er hinging, bis er sah, dass er sich in dem großen dunklen Wald befand. Ping-Pong stand still. Er blickte sich nach dem Schmetterling um, aber der war nicht da.

Er sah auf seine Füße. Er stand nicht auf dem Pfad. Er stand zwischen den großen Bäumen. Er schaute nach oben, um die Sonne zu sehen, aber die war nicht da. Er hatte sich verirrt. Er setzte sich auf einen großen Stein, weil er müde war.

Da kam ein kleiner Vogel herbeigehüpft. Ping-Pong sagte: «Kleiner Vogel, kleiner Vogel, kannst du mir sagen, wie ich aus dem großen dunklen Wald herauskomme? Ich möchte nach Hause gehen, zu meiner Höhle.» Der kleine Vogel sagte: «Ich weiß es nicht. Ich verlasse den Wald nie. Ich fliege in einen Baum hinauf,

so he can't get me". And the little bird flew away.

Then a fox came running along and Ping-Pong said: "Little fox, little fox, can you tell me how to get out of the big dark forest?" But the little fox said: "I don't know. I never go out of the big dark forest. I run down my hole when the big black bear comes so he can't get me". And the little fox ran away.

Ping-Pong felt very frightened. He thought the big black bear was coming. He got up and tried to find the path. Suddenly he came to a little stream. He said: "Little stream, little stream, can you tell me how to get out of the big dark forest?" And the little stream said: "Yes, I can. I run and run down the mountain and out of the big dark forest. Come with me".

So Ping-Pong ran along beside the stream. Soon he came to the end of the big dark forest, and he could see his cave. He could see the sun. He could see his mother and his father and his big brothers. They were all looking for him. They said: "Oh Ping-Pong, we thought the big black bear had eaten you up". Ping-Pong said nothing, but he was very happy to be out of the big dark forest and he never went there again.

wenn der große schwarze Bär kommt, so dass er mich nicht erwischen kann.» Und der kleine Vogel flog fort.

Da kam ein Fuchs herangelaufen, und Ping-Pong sagte: «Kleiner Fuchs, kleiner Fuchs, kannst du mir sagen, wie ich aus dem großen dunklen Wald herauskomme?» Aber der kleine Fuchs sagte: «Ich weiß es nicht. Ich verlasse den großen dunklen Wald nie. Ich schlüpfe tief in meinen Bau, wenn der große schwarze Bär kommt, so dass er mich nicht erwischt.» Und der kleine Fuchs lief fort.

Ping-Pong hatte große Angst. Er dachte, der große schwarze Bär käme. Er stand auf und versuchte, den Pfad zu finden. Plötzlich kam er zu einem kleinen Fluss. Er sagte: «Kleiner Fluss, kleiner Fluss, kannst du mir sagen, wie ich aus dem großen dunklen Wald herauskomme?» Und der kleine Fluss sagte: «Ja, das kann ich. Ich fließe immerzu den Berg hinunter und hinaus aus dem großen dunklen Wald. Komm mit mir.»

Ping-Pong lief also am Fluss entlang. Bald kam er an das Ende des großen dunklen Waldes und konnte seine Höhle sehen. Er konnte die Sonne sehen. Er konnte seine Mutter sehen und seinen Vater und seine großen Brüder. Alle suchten sie nach ihm. Sie sagten: «O Ping-Pong, wir dachten schon, der große schwarze Bär hätte dich aufgefressen.» Ping-Pong sagte nichts, aber er war froh, dass er aus dem großen dunklen Wald heraus war, und ging nie wieder dorthin.

One day in the holidays I went out with my friend Billy. We went to play in a big field and we found a lot of things to play with. We found a bit of wood and a big log. We put the bit of wood on the log and we made a see-saw. I went on the see-saw with Billy. I went up and down and he went up and down too. When I went up Billy went down. It was good fun.

Then we found big boxes and a ladder so we made a bridge. We climbed the ladder and we went across the bridge. It was good fun.

Then we found an old bus and we climbed into it. I sat in the driver's seat. I was the driver and Billy was the conductor. We climbed on to the roof. It was good fun on the roof of the bus. We found an old car beside the bus. Billy sat in the driver's seat and I looked at the engine.

Then we saw a big tree in the field. Billy said it was too big to climb but I said I was going to climb it with the ladder. We went and got the ladder and then I climbed up the tree. Billy climbed up too.

We sat in the tree for a long time. We ate some chocolate and then we tried to get down. Billy looked down but the ladder was not there. I said: "Somebody's taken the ladder away". Billy said: „We can't get down. It's too far to jump".

So we both shouted: "Help. Help. Help. We can't get down".

A boy came along. He looked up and he said: "How did you get up there?"

We said: "We had a ladder but somebody took it away".

Billy und ich und der große hohe Baum

Einmal in den Ferien zog ich mit meinem Freund Billy los. Wir gingen zum Spielen auf ein großes Feld, und fanden viele Dinge zum Spielen. Wir fanden ein Stück Holz und einen dicken Baumstamm. Wir legten das Stück Holz über den Stamm und machten eine Wippe. Ich setzte mich mit Billy auf die Wippe. Ich wippte rauf und runter, und er wippte auch rauf und runter. Wenn ich rauf ging, ging Billy runter. Das machte Spaß.

Dann fanden wir große Kisten und eine Leiter, also bauten wir eine Brücke. Wir kletterten die Leiter hinauf und gingen über die Brücke. Das machte Spaß.

Dann fanden wir einen alten Bus und kletterten hinein. Ich saß auf dem Fahrersitz. Ich war der Fahrer, und Billy war der Schaffner. Wir kletterten auf das Dach. Es war sehr lustig auf dem Busdach. Neben dem Bus entdeckten wir ein altes Auto. Billy saß auf dem Fahrersitz, und ich sah mir den Motor an.

Dann sahen wir einen großen Baum auf dem Feld. Billy sagte, er sei zu groß zum Hinaufklettern, aber ich sagte, ich wolle mit der Leiter hinaufklettern. Wir holten die Leiter, und dann kletterte ich in den Baum hinauf. Billy kletterte auch rauf.

Wir saßen lange auf dem Baum. Wir aßen ein bißchen Schokolade, dann wollten wir wieder hinunter. Billy sah runter, aber die Leiter war nicht da. Ich sagte: «Jemand hat die Leiter weggenommen.» Billy sagte: «Wir können nicht runter. Es ist zu hoch zum Springen.»

Deshalb riefen wir beide: «Hilfe! Hilfe! Hilfe! Wir können nicht hinunter.»

Ein Junge kam vorbei. Er guckte nach oben und sagte: «Wie seid ihr da raufgekommen?»

Wir sagten: «Wir hatten eine Leiter, aber jemand hat sie weggenommen.»

The boy said: "I'll go and look for it", and he went away. He did not come back.

Then a girl came along with a puppy. The puppy saw us and barked at us.

The girl looked up and said: "How did you get up there?"

We said: "We had a ladder but somebody took it away".

The girl said: "I'll go and look for it", and she went away. She did not come back either.

It was getting dark and we were getting very cold. We shouted "Help" again.

Then a policeman came along. He said: "What are you doing up there?"

We said: "We had a ladder but somebody took it away. We can't get down".

The policeman said: "Jump and I'll catch you". Billy jumped first and then I jumped.

We were happy to be down again. The policeman told us we were silly boys and he took us home.

How Time?

34 "Excuse me, can you tell me the time?"
35 "I'm sorry, I'm a stranger here myself."

Der Junge sagte: «Ich werde nach ihr suchen», und ging fort. Er kam nicht wieder.

Dann kam ein Mädchen mit einem jungen Hund vorbei. Der junge Hund sah uns und bellte uns an. Das Mädchen blickte nach oben und sagte: «Wie seid ihr da raufgekommen?»

Wir sagten: «Wir hatten eine Leiter, aber jemand hat sie weggenommen.»

Das Mädchen sagte: «Ich werde nach ihr suchen», und ging fort. Es kam auch nicht wieder.

Es wurde dunkel, und uns wurde sehr kalt. Wir riefen wieder: «Hilfe!»

Dann kam ein Polizist vorbei. Er sagte: «Was macht ihr denn da oben?»

Wir sagten: «Wir hatten eine Leiter, aber jemand hat sie weggenommen. Wir können nicht runter.»

Der Polizist sagte: «Springt, ich fang euch auf.»

Billy sprang zuerst, und dann sprang ich.

Wir waren froh, dass wir wieder unten waren. Der Polizist sagte, wir seien dumme Jungen, und brachte uns nach Hause.

Wieviel Uhr?

«Entschuldigen Sie – wieviel Uhr ist es bitte?»
«Tut mit leid, ich bin hier auch fremd.»

The Windy Day

It was a very windy day. Debbie's mummy said it was a good day to put out her washing.

She washed all the clothes, and all the curtains, and all the towels, and all the sheets, and she took them out into the garden. She put them on the line and she went back into the house.

The wind blew and blew and the washing flapped on the line. Debbie said: "The washing will soon be dry". Her mummy said: "I'll leave it just now".

The wind blew and blew and the washing flapped on the line. Jim said: "The washing will soon be dry", but his mummy said: "I'll leave it just now".

The wind blew harder and harder and the washing flapped on the line. Debbie's Auntie said: "The washing will be dry", but mummy said: "I'll leave it just now".

The wind blew and blew and it blew all the washing off the line. Debbie's mummy said: "Now I'll go and take the washing off the line". She went out into the garden and she looked, and she looked, but she couldn't find the washing. The wind had blown it away.

She told Debbie to go and look for the washing. She told Jim to go and look for the washing. She told Auntie to go and look for the washing and she ran to look for it herself.

Debbie ran to her friend's house and said: "Have you seen our washing?" Her friend said: "There's something blue in our garden". Debbie said: "That's our curtains", and she took them home.

Der windige Tag

Es war ein sehr windiger Tag. Debbies Mama sagte, es sei der richtige Tag, um draußen Wäsche aufzuhängen.

Sie wusch alle Kleidungsstücke und alle Vorhänge und alle Handtücher und alle Bettlaken und brachte sie hinaus in den Garten. Sie hängte sie auf die Wäscheleine und ging zurück ins Haus.

Der Wind wehte und wehte, und die Wäsche flatterte an der Leine. Debbie sagte: «Die Wäsche wird bald trocken sein.» Ihre Mama sagte: «Im Moment will ich sie noch draußen lassen.»

Der Wind wehte und wehte, und die Wäsche flatterte an der Leine. Jim sagte: «Die Wäsche wird bald trocken sein», aber seine Mama sagte: «Im Moment will ich sie noch draußen lassen.»

Der Wind wehte stärker und stärker, und die Wäsche flatterte an der Leine. Debbies Tante sagte: «Die Wäsche wird trocken sein», aber Mama sagte: «Im Moment will ich sie noch draußen lassen.»

Der Wind wehte und wehte, und er wehte die ganze Wäsche von der Leine. Debbies Mama sagte: «Jetzt werde ich die Wäsche von der Leine nehmen.» Sie ging hinaus in den Garten, und sie schaute und sie schaute, aber sie konnte die Wäsche nicht finden. Der Wind hatte sie fortgeweht.

Sie sagte zu Debbie, sie möchte gehen und die Wäsche suchen. Sie sagte zu Jim, er möchte gehen und die Wäsche suchen. Sie sagte zu der Tante, sie möchte gehen und die Wäsche suchen, und sie lief selbst los, um sie zu suchen.

Debbie lief zum Haus ihrer Freundin und sagte: «Hast du unsere Wäsche gesehen?» Ihre Freundin sagte: «In unserm Garten liegt was Blaues.» Debbie sagte: «Das sind unsere Vorhänge», und brachte sie nach Hause.

Jim ran to his friend's house and said: "Have you seen our washing?" His friend said: "There's something red in our garden". Jim said: "That's our towels", and he took them home.

Debbie's Auntie ran to her friend's house and said: "Have you seen our washing?" Her friend said: "There's something white in our garden". Auntie said: "That's our sheets", and she took them home.

Debbie's mummy ran to her friend's house and said: "Have you seen our washing?" She said: "What's that up the tree?" Mummy said: "That's our clothes".

She called to Jim and told him to climb up and get the clothes. Jim climbed up and found all the clothes. He threw them down to his mummy and she took them home. Do you know what she had to do? She had to do the washing all over again.

George and the Big Balloon

One night George was watching television with his mummy. He saw some men on the television with a big balloon. The balloon was red and yellow. It had a basket with strings on it. The men got into the basket and the balloon went up into the air. It went up and up. It sailed over the trees. It sailed over some houses and a school. George said it must be great fun to go up in a balloon. His mumy said: "Yes, but you have to watch and not fall out".

George went to bed and his mummy put the light out. He lay in bed and looked at the moon.

38
39

Jim lief zum Haus seines Freundes und sagte: «Hast du unsere Wäsche gesehen?» Sein Freund sagte: «In unserem Garten liegt was Rotes.» Jim sagte: «Das sind unsere Handtücher», und brachte sie nach Hause.

Debbies Tante lief zum Haus ihrer Freundin und sagte: «Hast du unsere Wäsche gesehen?» Ihre Freundin sagte: «In unserem Garten liegt was Weißes.» Die Tante sagte: «Das sind unsere Bettlaken», und brachte sie nach Hause.

Debbies Mama lief zum Haus ihrer Freundin und sagte: «Hast du unsere Wäsche gesehen?» Sie sagte: «Was ist das da oben im Baum?» Mama sagte: «Das ist unser Anziehzeug!»

Sie rief nach Jim und sagte ihm, er möchte hinaufklettern und die Kleidungsstücke holen. Jim kletterte hinauf und fand alle Kleidungsstücke. Er warf sie seiner Mutter hinunter, und sie brachte sie nach Hause. Wisst ihr, was sie tun musste? Sie musste die Wäsche noch einmal waschen.

George und der große Ballon

Eines Abends sah George mit seiner Mutter fern. Auf dem Bildschirm sah er einige Männer mit einem großen Ballon. Der Ballon war rot und gelb. Er hatte einen Korb mit Tauen daran. Die Männer gingen in den Korb, und der Ballon stieg auf in die Luft. Er stieg höher und höher. Er schwebte über die Bäume. Er schwebte über einige Häuser hinweg und über eine Schule. George sagte, es müsse großen Spaß machen, in einem Ballon nach oben zu steigen. Seine Mutter sagte: «Ja, aber du musst aufpassen, dass du nicht hinausfällst.»

George ging ins Bett, und seine Mutter machte das Licht aus. Er lag im Bett und schaute den Mond an.

schwebes — to sail

It was very big and bright. Then he saw something at the window. It had strings on it. It was coloured red and yellow. It had a basket. It was a great big balloon.

A little man with red hair and green clothes stepped into the room. George sat up in bed and looked at him. Then the little man spoke. "Come for a ride in my balloon", he said. You won't be cold". So George got out of bed and he climbed out of the window and into the basket. He didn't feel cold at all.

The balloon sailed away from the window. It went up into the air. George looked down and he saw his house. He saw Hill Street and he saw his school. He saw lights in the streets. He saw cars and buses. He looked up and he saw the moon and a lot of stars. He said: "Where are we going?" and the little man said: "We're going to the moon".

The balloon went up and up. Then something went "Bang". George got a fright. The little man said: "Oh dear! One of the strings has broken. Hold on tight". George held on to the basket but he felt he was going to fall out. Then he did fall out. He fell down, down, down and then – plonk! He was on the floor of his own bedroom. All his blankets were on the floor too.

His mummy came in and she said: "George, what are you doing?" George said: "I was up in a big balloon and I fell out". His mummy said: "You were dreaming, and you fell out of bed". So she put all the blankets back on the bed, and she tucked George up again. George said: "It was fun in the big balloon", and he went back to sleep.

Der war sehr groß und hell. Dann sah er etwas am Fenster. Taue waren daran befestigt. Es war rot und gelb. Es hatte einen Korb. Es war ein riesengroßer Ballon.

Ein kleines Männchen mit rotem Haar und grüner Kleidung trat in das Zimmer. George setzte sich im Bett auf und sah es an. Dann redete das Männchen. «Fahr mit in meinem Ballon», sagte es. «Du wirst nicht frieren.» Also stand George auf und kletterte aus dem Fenster und hinein in den Korb. Er fror überhaupt nicht.

Der Ballon schwebte vom Fenster fort. Er stieg in die Luft hinauf. George blickte nach unten und sah sein Haus. Er sah die Bergstraße, und er sah seine Schule. Er sah Lichter in den Straßen. Er sah Autos und Busse. Er blickte nach oben, und er sah den Mond und viele Sterne. Er sagte: «Wohin fahren wir?» und das Männchen sagte: «Wir fahren zum Mond.»

Der Ballon stieg höher und höher. Dann machte etwas «Peng». George bekam einen Schreck. Das Männchen sagte: «Ach du liebe Zeit! Eines der Taue ist gerissen. Halt dich gut fest!» George hielt sich am Korb fest, aber er fühlte, dass er hinausfallen würde. Dann fiel er wirklich hinaus. Er fiel hinunter, hinunter, hinunter, und dann – bums! Er befand sich auf dem Fußboden seines eigenen Schlafzimmers. All seine Decken befanden sich ebenfalls auf dem Fußboden.

Seine Mama kam herein und sagte: «George, was machst du denn?» George sagte: «Ich war oben in einem großen Ballon und bin hinausgefallen.» Seine Mama sagte: «Du hast geträumt und bist aus dem Bett gefallen.» Sie legte also alle Decken zurück aufs Bett und hüllte George wieder hinein. George sagte: «Es war lustig in dem großen Ballon», und schon war er wieder eingeschlafen.

Growing Things

Everybody likes to grow things. If you put the top of a carrot in a saucer of water it will grow some lovely green leaves.

Sometimes you can grow little trees from orange pips.

Put six pips in a cup of water. Leave them for two days. Then get a polythene bag. Put some soil in it. Put some water in it to make the soil damp.

Then plant the pips. Tie the bag with string and put it in a warm place.

After three weeks put the bag beside the window. When the pips have three little leaves put each pip in a little pot of soil. Perhaps you will get six little trees but you won't get any oranges.

The Pillar Box

The pillar box stands very still
All through the day.
He never moves or runs about,
He never goes away.

Etwas wachsen lassen

Jeder läßt gern etwas wachsen. Wenn du das obere Ende einer Mohrrübe in eine Untertasse mit Wasser legst, wird es einige hübsche, grüne Blätter treiben.
Manchmal kann man aus Apfelsinenkernen kleine Bäume ziehen.
Leg sechs Kerne in eine Tasse mit Wasser. Lass sie zwei Tage lang so liegen. Dann nimm eine Plastiktüte. Füll ein wenig Erde hinein. Gieß ein wenig Wasser hinein, damit die Erde feucht wird.
Pflanze dann die Kerne hinein. Binde die Tüte mit einer Schnur zu und stell sie an einen warmen Ort.
Stell die Tüte nach drei Wochen neben das Fenster. Wenn die Kerne drei kleine Blätter haben, pflanze jeden Kern in einen kleinen Topf mit Erde. Vielleicht bekommst du sechs kleine Bäume, aber Apfelsinen bekommst du nicht.

Der Briefkasten

Die rote Säule von der Post
Steht immer ruhig da.
Sie rührt sich nicht, läuft nicht herum,
Geht nicht woanders hin.

He stands in rain and wind and snow,
His big mouth open wide,
And people bring their letters
And they drop them down inside.

I wonder what he does at night
When we are all in bed?
Does he just go on standing there,
Tall and stiff and red?

Some night when I am not asleep
I'll tiptoe down the stair,
And I'll peep out of the window
Just to see if he's still there.

Sie steht im Regen, Wind und Schnee,
Das Maul weit aufgesperrt.
Die Leute bringen Brief um Brief
Und werfen sie hinein.

Ich frage mich: Was tut sie nachts,
Wenn ringsum alles schläft?
Steht sie dann einfach weiter da,
So groß und starr und rot?

Wenn ich mal nachts nicht schlafen kann,
Schleich ich die Treppe runter
Und schau ganz schnell zum Fenster raus,
Mal sehn: Ist sie noch da?

The Tale of a Turnip

Once upon a time a little old man and a little old woman lived in a cottage in the middle of a great big field. They had a cow. She was a nice brown cow with big horns, and she ate the grass that grew round about the cottage. They had a dog. He was a big black dog with a shiny coat. He was very friendly to the old man and the old woman, and he helped to look after the cow. But he barked at strangers and did not let them come into the cottage. The old man and the old woman had a cat. The cat had big green eyes and a long black tail. She liked to sit by the fire, but sometimes she went out to hunt for food. And there was a little mouse who lived under the floor of the cottage.

One day the little old woman said: "I am going to make turnip soup. I am going out into the field to look for a big juicy turnip". So she went out into the field, and she looked and looked till she found a lovely big juicy turnip. But when she tried to pull it up it wouldn't come out of the ground. She pulled and she pulled but she couldn't pull up the turnip.

So she ran back to the little old man and she said: "Come and help me. I want a big juicy turnip to make turnip soup. I have found one but I can't pull it up by myself". So the little old man came. He held on to the little old woman and she held on to the turnip, and they pulled and they pulled, but they couldn't pull up the turnip.

So the little old man ran to the cow. "Come and help us", he said. "My wife wants a big juicy

Es waren einmal ein kleiner alter Mann und eine kleine alte Frau, die lebten in einer Hütte mitten auf einem großen weiten Feld. Sie hatten eine Kuh. Es war eine schöne braune Kuh mit großen Hörnern, und sie fraß das Gras, das um die Hütte herum wuchs. Sie hatten einen Hund. Es war ein großer schwarzer Hund mit glänzendem Fell. Er war sehr freundlich zu dem alten Mann und zu der alten Frau, und er half ihnen dabei, die Kuh zu hüten. Aber Fremde bellte er an und ließ sie nicht in die Hütte hineinkommen. Der alte Mann und die alte Frau hatten eine Katze. Die Katze hatte große grüne Augen und einen langen schwarzen Schwanz. Sie saß gern am Feuer, aber manchmal ging sie hinaus, um nach Futter zu jagen. Und es gab eine kleine Maus, die unter dem Fußboden der Hütte wohnte.

Eines Tages sagte die kleine alte Frau: «Ich werde eine Rübensuppe kochen. Ich gehe jetzt auf das Feld hinaus, um nach einer großen saftigen Rübe zu suchen.» Sie ging also auf das Feld hinaus und suchte und suchte, bis sie eine schöne große saftige Rübe fand. Aber als sie versuchte, sie herauszuziehen, wollte sie nicht aus der Erde hervorkommen. Sie zog und zog, aber sie konnte die Rübe nicht herausziehen.

Deshalb lief sie zurück zu dem kleinen alten Mann und sagte: «Komm und hilf mir. Ich brauche eine große saftige Rübe, um Rübensuppe zu kochen. Ich habe eine gefunden, aber ich kann sie nicht allein herausziehen.» Der kleine alte Mann kam also. Er hielt die kleine alte Frau fest, und sie hielt die Rübe fest, und sie zogen und zogen, aber sie konnten die Rübe nicht herausziehen.

Deshalb lief der kleine, alte Mann zur Kuh. «Komm und hilf uns», sagte er. «Meine Frau braucht eine

turnip to make soup but we can't pull it up". So the cow came. She took hold of the little old man's jacket. The little old man held on to the little old woman, and the little old woman held on to the turnip, and they pulled and they pulled, but they couldn't pull up the turnip.

When the dog saw what they were doing he came too and he took hold of the cow's tail. The cat was coming home from a walk in the field and she stopped and took hold of the dog's tail. Then they all pulled together. But they couldn't pull up the turnip. The little old woman said: "What am I going to do? This is the best turnip in the field".

Then they heard a little voice saying: "Squeak! Squeak! Let me help too". And they saw the little mouse who lived under the floor. So the little mouse went and took hold of the cat, and the cat held on to the dog, and the dog held on to the cow, and the cow held on to the little old man, and the little old man held on to the little old woman, and the little old woman held on to the turnip, and they all pulled together. And UP came the turnip!

The cat fell on top of the mouse. The dog fell on top of the cat. The cow fell on top of the dog. The little old man fell on top of the cow. The little old woman fell on top of the little old man. And on top of them all was the turnip.

Then they all got up and took the turnip back to the cottage.

The little old woman made lovely turnip soup, and there was plenty for everyone: for the little old man, and the cow, and the dog, and the cat, and the little mouse who lived under the floor.

große saftige Rübe, um Suppe zu kochen, aber wir können sie nicht herausziehen.» Die Kuh kam also. Sie hielt den kleinen alten Mann an der Jacke fest. Der kleine alte Mann hielt die kleine alte Frau fest, und die kleine alte Frau hielt die Rübe fest, und sie zogen und zogen, aber sie konnten die Rübe nicht herausziehen.

Als der Hund sah, was sie taten, kam er ebenfalls und hielt die Kuh am Schwanz fest. Die Katze kam gerade von einem Spaziergang auf dem Feld nach Hause; sie blieb stehen und hielt den Hund am Schwanz fest. Dann zogen sie alle gemeinsam.

Aber sie konnten die Rübe nicht herausziehen. Die kleine alte Frau sagte: «Was soll ich tun? Dies ist die beste Rübe auf dem Feld.»

Da hörten sie ein Stimmchen sagen: «Pieps! Pieps! Lasst mich auch helfen.» Und sie sahen die kleine Maus, die unter dem Fußboden wohnte.

Die kleine Maus ging also und hielt die Katze fest, und die Katze hielt den Hund fest, und der Hund hielt die Kuh fest, und die Kuh hielt den kleinen alten Mann fest, und der kleine alte Mann hielt die kleine alte Frau fest, und die kleine alte Frau hielt die Rübe fest, und sie zogen alle zusammen. Und da kam die Rübe heraus!

Die Katze fiel auf die Maus. Der Hund fiel auf die Katze. Die Kuh fiel auf den Hund. Der kleine alte Mann fiel auf die Kuh. Die kleine alte Frau fiel auf den kleinen alten Mann. Und auf ihnen allen oben drauf lag die Rübe.

Dann standen sie alle auf und brachten die Rübe zur Hütte.

Die kleine alte Frau kochte eine leckere Rübensuppe, und für jeden war reichlich da: für den kleinen alten Mann und die Kuh und den Hund und die Katze und die kleine Maus, die unter dem Fußboden wohnte.

Patch Goes Home

This is a story about a cat called Patch. He was a nice white cat with a black patch on his back. He lived with a family called Smith. Mr and Mrs Smith had two children. They were called Margaret and Jack and they were very fond of the cat. They called him Patch because of the black patch on his back.

One day Margaret and Jack were sitting on the steps of their house. They were watching the cat washing his face. "Patch is clever," Jack said. "He can wash his own face." The cat washed round behind his ears, licking his paw to make it wet.

"He washes behind his ears too," said Margaret. "You don't do that. The cat is cleverer than you."

"He isn't," said Jack, and he tried to pull Margaret's hair. Then Mrs Smith came out to see what they were doing. Jack told her what Margaret said, and Mrs Smith replied:

"I think you really can wash behind your ears! You just forget sometimes. But a cat can do a lot of things you can't do. He can jump very high, and he can see in the dark." "He can catch mice too," said Jack.

Just then Mr Smith came home from work and the children ran to meet him.

Fleck läuft nach Hause

Dies ist die Geschichte von dem Kater Fleck. Er war ein schöner weißer Kater mit einem schwarzem Fleck auf dem Rücken. Er lebte bei einer Familie namens Schmidt. Herr und Frau Schmidt hatten zwei Kinder. Sie hießen Margaret und Jack, und sie liebten den Kater sehr. Sie nannten ihn Fleck wegen des schwarzen Flecks auf seinem Rücken.

Eines Tages saßen Margaret und Jack auf den Stufen ihres Hauses. Sie sahen zu, wie der Kater sich das Gesicht wusch. «Fleck ist geschickt», sagte Jack. «Er kann sich selbst das Gesicht waschen.» Der Kater wusch hinten um die Ohren herum, indem er sich die Pfote leckte, um sie nass zu machen.

«Er wäscht sich auch hinter den Ohren», sagte Margaret. «Du tust das nicht. Der Kater ist geschickter als du.» «Ist er nicht», sagte Jack und versuchte, Margaret an den Haaren zu ziehen. Dann kam Frau Schmidt nach draußen, um zu sehen, was sie machten. Jack erzählte ihr, was Margaret gesagt hatte, und Frau Schmidt antwortete:

«Ich glaube, dass ihr euch tatsächlich hinter den Ohren waschen könnt. Ihr vergesst es nur manchmal. Aber ein Kater kann vieles, was ihr nicht könnt. Er kann sehr hoch springen, und er kann im Dunkeln sehen.» «Er kann auch Mäuse fangen», sagte Jack.

Gerade da kam Herr Schmidt von der Arbeit nach Hause, und die Kinder liefen ihm entgegen.

When they were all back in the house Mr Smith told them he had got a new job. "It's in a new factory in Newtown," he said. "It's a long way from here so we'll have to find a new house."

Mr and Mrs Smith went to look at lots of new houses till they found one that they liked. It had plenty of room for everyone. Mr Smith said it was near his new job. Mrs Smith liked the kitchen. Margaret liked the bathroom and Jack liked the little garden. Mr Smith said they would take the house. Patch sat on a chair and purred, so they all said: "I wonder if Patch will like the house too?"

One Saturday morning the removal men came with a big van and put all the furniture in it. They took the chairs and tables and the beds, and the television and the toys. They took Patch's bed too. When the house was empty Mrs Smith swept the floor and put all the rubbish in the bin.

Patch went round the empty house, looking very puzzled. He didn't like it at all. Then Mr Smith put him in a basket with a lid, and they all went away to the new house in a taxi. Patch couldn't see where they were going and he mewed all the time.

When they came to the new house they helped the removal men to put everything in the right place.

They let Patch out of his basket. He went round the house, sniffing at everything. Then he went out into the garden. Margaret and Jack went in the garden too. Soon Mrs Smith called: "Come and get something to eat before you go to bed." They were just running in when Jack

Als sie alle wieder im Haus waren, erzählte Herr Schmidt ihnen, dass er einen neuen Arbeitsplatz bekommen hatte. «In einer neuen Fabrik in Neustadt», sagte er. «Das ist weit weg von hier, deshalb werden wir ein neues Haus finden müssen.»

Herr und Frau Schmidt sahen sich eine Menge neuer Häuser an, bis sie eines fanden, das ihnen gefiel. Es hatte reichlich Platz für jeden. Herr Schmidt sagte, es liege nah bei seinem neuen Arbeitsplatz. Frau Schmidt gefiel die Küche. Margaret gefiel das Badezimmer, und Jack gefiel der kleine Garten. Herr Schmidt sagte, sie würden das Haus nehmen. Fleck saß auf einem Stuhl und schnurrte, deshalb sagten alle: «Ob Fleck wohl das neue Haus auch gefallen wird?»

An einem Sonnabendmorgen kamen die Möbelpacker mit einem großen Lastwagen und stellten alle Möbel hinein. Sie nahmen die Stühle und Tische und Betten und das Fernsehgerät und die Spielsachen. Sie nahmen auch Flecks Bett. Als das Haus leer war, fegte Frau Schmidt den Boden und tat allen Kehricht in die Mülltonne.

Fleck ging in dem leeren Haus herum und sah sehr verwirrt aus. Ihm gefiel das überhaupt nicht. Dann setzte Herr Schmidt ihn in einen Deckelkorb, und alle fuhren in einem Taxi fort zum neuen Haus. Fleck konnte nicht sehen, wohin sie fuhren, und miaute die ganze Zeit.

Als sie zum neuen Haus kamen, halfen sie den Möbelpackern, alles wieder an seinen richtigen Platz zu stellen.

Sie ließen Fleck aus dem Korb heraus. Er ging im Haus herum und beschnupperte alles. Dann ging er hinaus in den Garten. Margaret und Jack gingen auch in den Garten. Bald rief Frau Schmidt:

«Kommt und esst etwas, bevor ihr ins Bett geht.» Sie liefen gerade hinein, als Jack sagte: «Wo ist denn der

said: "Where's the cat?" They stopped and called "Patch, Patch! Come on puss! Come on puss!" But the cat never came.

They looked all over the garden and all over the house, but they couldn't find the cat. They looked under the beds and on all the chairs and under the television, but they couldn't find the cat anywhere.

"Maybe he'll come back later," said Mrs Smith. "Now you go to bed and don't worry." Margaret and Jack went to bed but they lay for a long time wondering where Patch was.

Then Jack had a brainwave. "I think Patch has gone back to our old house," he said.

Margaret told him not to be silly. She said Patch did not know where the old house was. Then they fell asleep because they were very tired.

Next morning Jack told his mummy and daddy about his brainwave. Mr Smith said: "What a good idea! You and I will get the bus and go back to the old house, just to see."

So Jack and his daddy took the basket with the lid and they went back to their old house. When they got there they went up the stairs, and what do you think they saw?

They saw the cat sitting outside the door of the old house. He was mewing sadly, but when he saw Jack he stood up and started to purr. Jack picked him up and stroked his fur and said:

"Silly old puss. We've got a new house now and we don't live in this house any more." They put Patch in the basket and went home in the bus.

When they got home Mrs Smith and Margaret were very happy to see the cat again.

Kater?» Sie blieben stehen und riefen «Fleck! Fleck! Komm, Miez-miez! Komm, Miez-miez!» Aber der Kater kam nicht.

Sie suchten im ganzen Garten und im ganzen Haus, aber sie konnten den Kater nicht finden. Sie schauten unter die Betten und auf alle Stühle und unter den Fernseher, aber sie konnten den Kater nirgends finden.

«Vielleicht kommt er später zurück», sagte Frau Schmidt. «Nun geht ins Bett und sorgt euch nicht.» Margaret und Jack gingen ins Bett, aber lange Zeit lagen sie da und überlegten, wo wohl Fleck war.

Dann hatte Jack einen Geistesblitz. «Ich glaube, Fleck ist zu unserem alten Haus zurückgelaufen», sagte er.

Margaret sagte, er solle nicht so dumm sein. Sie sagte, Fleck wisse nicht, wo das alte Haus sei. Dann schliefen sie ein, weil sie sehr müde waren.

Am Morgen erzählte Jack seinen Eltern von seinem Geistesblitz. Herr Schmidt sagte: «Was für ein guter Einfall! Wir beide steigen in den Bus und fahren zum alten Haus, um für alle Fälle nachzuschauen.»

Also nahmen Jack und sein Papa den Deckelkorb und fuhren zurück zu ihrem alten Haus. Als sie dort ankamen, gingen sie die Stufen hinauf, und was, glaubt ihr, sahen sie?

Sie sahen den Kater, der draußen vor der Tür ihres alten Hauses saß. Er miaute traurig, aber als er Jack sah, stand er auf und begann zu schnurren. Jack nahm ihn hoch und streichelte sein Fell und sagte:

«Dummer alter Miezekater. Wir haben jetzt ein neues Haus. In diesem hier wohnen wir nicht mehr.» Sie setzten Fleck in den Korb und fuhren mit dem Bus nach Hause.

Als sie zu Hause ankamen, freuten sich Frau Schmidt und Margaret sehr, den Kater wiederzusehen.

Mrs Smith said: "We must put butter on his paws, and then he will always come back to this house."

Mr Smith said: "It was very clever of Jack to know where to look for Patch."

But Margaret said: "It was very clever of Patch to find his way back to our old house. I wonder how he did it? He couldn't see out of the basket when we went in the taxi."

They all looked at Patch, and Patch just sat on Margaret's knee and purred and purred.

A Sensible Girl

It was Saturday morning and Jill was thinking about what she was going to do. First she was going to go to the shops with her mummy and little Sandra and the baby. Then she was going to play with her friend Penny. In the afternoon Daddy was going to take them all to the zoo. It was going to be a lovely day.

Jill sat on the step of her house and thought about the zoo.

Frau Schmidt sagte: «Wir müssen ihm Butter auf die Pfoten streichen, dann wird er immer zu diesem Haus zurückkommen.»

Herr Schmidt sagte: «Es war sehr klug von Jack, darauf zu kommen, wo wir Fleck suchen mussten.»

Aber Margaret sagte: «Es war sehr klug von Fleck, den Weg zu unserem alten Haus zurückzufinden. Ich frage mich, wie er das gemacht hat? Er konnte nicht aus dem Korb hinaussehen, als wir im Taxi fuhren.»

Alle sahen sie Fleck an, und Fleck saß einfach nur auf Margarets Knie und schnurrte und schnurrte.

Ein vernünftiges Mädchen

Es war Sonnabendmorgen, und Jill dachte darüber nach, was sie tun würde. Als erstes würde sie mit ihrer Mama und der kleinen Sandra und dem Baby einkaufen gehen. Dann würde sie mit ihrer Freundin Penny spielen. Am Nachmittag würde Papa mit ihnen allen in den Tierpark gehen. Es würde ein wunderschöner Tag werden.

Jill saß auf der Stufe vor ihrem Haus und dachte an den Tierpark.

The last time she was at the zoo she had a ride on the elephant. She remembered how funny it felt being so high up.

She was still thinking about the elephant when she heard a noise inside the house. She heard Sandra crying and her mummy calling. She ran in to see what had happened.

Sandra was lying on the floor. Jill saw a chair and a broken bottle of lemonade beside her. Sandra was crying and her face was very white. One of her legs looked funny and her hand had a cut in it. Mummy was kneeling beside her and looking very worried.

"Sandra has hurt her leg," Mummy said. "I'll have to take her to hospital."

Jill sat down on the floor beside Sandra. Mummy went and telephoned for an ambulance. Then Jill said: "What about me and baby? Can we come too?"

Her mummy said nothing for a minute. Then she said: "I don't think there is time to get baby ready. Could you be a clever girl and look after him until I come back? I'll tell Mrs Wilson next door and she will come in beside you."

Jill felt a little bit frightened. She had never been in the house without her mummy or her daddy. But she said "All right" because she was the biggest girl in the family. Jill's mummy went and rang Mrs Wilson's bell. Mrs Wilson came to the door.

"Mrs Wilson," Jill's mummy said, "can you come in and look after Jill and the baby? Sandra has hurt her leg and I'll have to take her to hospital."

Das letzte Mal, als sie im Tierpark gewesen war, war sie auf dem Elefanten geritten. Sie dachte daran, was für ein seltsames Gefühl es gewesen war, so hoch oben zu sein.

Sie dachte immer noch an den Elefanten, als sie drinnen im Haus ein Geräusch hörte. Sie hörte Sandra weinen und ihre Mama rufen. Sie lief hinein, um zu sehen, was geschehen war.

Sandra lag auf dem Boden. Neben ihr erblickte Jill einen Stuhl und eine zerbrochene Limonadenflasche. Sandra weinte, und ihr Gesicht war ganz weiß. Das eine Bein sah seltsam aus, und ihre Hand hatte eine Schnittwunde. Mama kniete neben ihr und sah sehr besorgt aus.

«Sandra hat sich das Bein verletzt», sagte Mama. «Ich muss sie ins Krankenhaus bringen.»

Jill setzte sich auf den Boden neben Sandra. Mama telefonierte nach einem Krankenwagen. Dann sagte Jill: «Was ist mit mir und Baby? Können wir auch mitkommen?»

Ihre Mama sagte eine Minute lang nichts. Dann sagte sie: «Ich glaube nicht, daß die Zeit reicht, um Baby fertig zu machen. Könntest du ein vernünftiges Mädchen sein und auf ihn aufpassen, bis ich zurückkomme? Ich sage Frau Wilson nebenan Bescheid, und sie wird außer dir da sein.»

Jill fürchtete sich ein wenig. Sie war noch nie ohne ihre Mama oder ihren Papa im Haus gewesen. Aber sie sagte: «In Ordnung»,

weil sie ja das größte Mädchen in der Familie war. Jills Mama klingelte bei Frau Wilson. Frau Wilson kam an die Tür.

«Frau Wilson», sagte Jills Mama, «können Sie herüberkommen und auf Jill und das Baby aufpassen? Sandra hat sich das Bein verletzt, und ich muss sie ins Krankenhaus bringen.»

"Yes, of course," said Mrs Wilson. "Just wait a minute till I switch off the kettle."

Then the bell rang in Jill's house. It was the ambulance men for Sandra. They brought in a stretcher and they put a nice red blanket round Sandra and put her on the stretcher.

Mummy said: "We won't be long. Take care of baby. Mrs Wilson is just coming in", and she went away with the ambulance men. Mrs Wilson came in and went into the kitchen.

Baby had just had a bath. He was lying on the rug, kicking his legs. Jill thought: "I must get something warm for him," so she went and got some clothes for him. He was quite good and let her dress him.

Then she saw all the broken glass on the floor. She lifted baby up and put him in his play-pen. She gave him a rattle and some little boxes to play with.

Mrs Wilson came in from the kitchen. She said Jill was very clever to dress baby and put him in his play-pen.

"If he crawled over the floor he would cut himself on the glass," said Jill.

"Let's clean up all the broken glass," said Mrs Wilson. So Jill got a broom and they swept up all the glass and then they cleaned up the lemonade with a cloth.

"I must go back to the kitchen now," said Mrs Wilson. "I've got to get your dinner ready. Can you stay with baby by yourself?"

Jill said she would stay with him. Mrs Wilson went to peel the potatoes and Jill played with the baby.

Jill wondered how Sandra was getting on. She

«Ja, natürlich», sagte Frau Wilson. «Warten Sie nur eine Minute, bis ich den Kessel abgestellt habe.»

Dann ertönte die Klingel in Jills Haus. Es waren die Sanitäter, die zu Sandra kamen. Sie brachten eine Tragbahre herein und wickelten Sandra in eine hübsche rote Decke und legten sie auf die Tragbahre.

Mama sagte: «Wir kommen bald wieder. Gib acht auf Baby. Frau Wilson kommt sofort», und sie ging mit den Sanitätern fort. Frau Wilson kam und ging in die Küche.

Baby war gerade gebadet worden. Er lag auf der Decke und strampelte mit den Beinen. Jill dachte: «Ich muß ihm etwas Warmes holen», ging also los und holte ein paar Sachen für ihn. Er war sehr lieb und ließ sich von ihr anziehen.

Dann sah sie all die Glassplitter auf dem Boden. Sie nahm Baby hoch und setzte ihn in seinen Laufstall. Sie gab ihm eine Rassel und ein paar kleine Schachteln zum Spielen.

Frau Wilson kam aus der Küche herein. Sie sagte, es sei sehr klug von Jill gewesen, Baby anzuziehen und in den Laufstall zu setzen.

«Wenn er über den Boden gekrabbelt wäre, hätte er sich am Glas geschnitten», sagte Jill.

«Lass uns all die Glassplitter forträumen», sagte Frau Wilson. Also holte Jill einen Besen, und sie fegten alles Glas auf, und dann wischten sie die Limonade mit einem Tuch auf.

«Ich muss jetzt wieder zurück in die Küche gehen», sagte Frau Wilson. «Ich muss euer Essen fertigmachen. Kannst du allein bei Baby bleiben?»

Jill sagte, sie würde bei ihm bleiben. Frau Wilson ging, um Kartoffeln zu schälen, und Jill spielte mit dem Baby.

Jill fragte sich, was Sandra wohl machte. Sie ging zum

went to the window to see if her mummy was coming back. She had been away for a long time. Jill gave the baby a biscuit and she had one herself. She looked at her comic.

Mrs Wilson came into the room. "Are you all right?" she asked. Jill said: "Yes, but I wonder when Mummy is coming back?" Mrs Wilson said she wouldn't be long.

Then the telephone rang. Jill wondered who it was. Mrs Wilson lifted the phone and said "Hullo?" Then she handed it to Jill. Jill heard a voice saying, "Hullo, Jill. Are you all right?"

It was Jill's mummy. She said Sandra had to have an X-ray and the doctor was going to put her leg in plaster.

"Is baby all right?" mummy asked, and Jill said he was quite happy. Mummy said she would soon be home, and Jill said "Cheerio" and put down the phone.

But just then baby started to cry. He cried and cried. He wouldn't play with his toys. Jill tried to make him laugh but he just went on crying. Mrs Wilson came and lifted him up but he wouldn't stop. Jill didn't know what to do. She wished her mummy would come.

Then she heard someone at the door. It was her mummy and the ambulance man with Sandra. He put Sandra down on the couch. One of her legs was in plaster.

When baby saw his mummy he stopped crying at once. Jill ran to her and said: "Oh, mummy, I'm so glad you're back."

Mummy said: "So am I, and I think you are a very clever girl. You were mummy for a whole hour."

Fenster, um zu sehen, ob ihre Mama gerade zurückkam. Sie war schon eine lange Zeit fort. Jill gab dem Baby einen Keks und aß selbst auch einen. Sie schaute sich ihr Comic-Heft an.

Frau Wilson kam wieder ins Zimmer. «Geht es dir gut?» fragte sie. Jill sagte: «Ja, aber ich wüsste gern, wann Mama zurückkommt.» Frau Wilson sagte, sie komme bald wieder.

Da klingelte das Telefon. Jill fragte sich, wer das sein könne. Frau Wilson nahm den Hörer ab und sagte: «Hallo?» Dann gab sie ihn Jill. Jill hörte eine Stimme sagen: «Hallo, Jill. Geht es dir gut?»

Es war Jills Mama. Sie sagte, bei Sandra müsse eine Röntgenaufnahme gemacht werden, und der Doktor werde ihr Bein in Gips legen.

«Geht es Baby gut?» fragte Mama, und Jill sagte, dass er ganz zufrieden sei. Mama sagte, sie sei bald wieder zu Hause, und Jill sagte «Tschüs» und legte den Hörer auf.

Aber gerade in dem Augenblick fing Baby an zu schreien. Er schrie und schrie. Er wollte nicht mit seinen Spielsachen spielen. Jill versuchte ihn zum Lachen zu bringen, aber er schrie einfach weiter. Frau Wilson kam und hob ihn hoch, aber er wollte nicht aufhören. Jill wusste nicht, was sie tun sollte. Sie wünschte, ihre Mama käme.

Dann hörte sie jemanden an der Tür. Es waren ihre Mama und der Sanitäter mit Sandra. Er legte Sandra auf die Couch. Das eine Bein hatte einen Gipsverband.

Als Baby seine Mama sah, hörte er sofort auf zu schreien. Jill rannte zu ihr hin und sagte: «O Mama, ich bin so froh, dass du wieder da bist.»

Mama sagte: «Ich auch, und ich glaube, du bist ein sehr gescheites Mädchen. Eine ganze Stunde lang warst du eine Mama.»

When her daddy came home for his dinner he was very surprised to see Sandra with her leg in plaster. Jill told him about the accident and how she had to stay with baby and Mrs Wilson.

Her mummy said: "Sandra was brave in the hospital, but Jill was very brave too. She looked after baby till I came back."

Jill's daddy lifted her up. "What a sensible little girl we've got," he said. "Sandra and mummy have to stay at home, but I think you and I will go to the zoo this afternoon. Would you like that?"

Mary and her Lamb

Mary had a little lamb,
Its fleece was white as snow;
And everywhere that Mary went
The lamb was sure to go.

It followed her to school one day,
Which was against the rule;
It made the children laugh and play
To see a lamb at school.

And so the teacher turned it out,
But still it lingered near,
And waited patiently about
Till Mary did appear.

"What makes the lamb love Mary so?"
The eager children cry.
"Why, Mary loves the lamb, you know,"
The teacher did reply.

Als ihr Papa zum Essen nach Hause kam, war er sehr erstaunt, Sandra mit einem Gipsbein zu sehen. Jill erzählte ihm von dem Unfall, und wie sie bei Baby und Frau Wilson bleiben musste.

Ihre Mama sagte: «Sandra war sehr tapfer im Krankenhaus, aber Jill war auch sehr tapfer. Sie gab auf Baby acht, bis ich zurückkam.»

Jills Vater hob sie hoch. «Was für ein vernünftiges kleines Mädchen wir haben», sagte er. «Sandra und Mama müssen zu Hause bleiben, aber ich denke, du und ich, wir werden am Nachmittag zum Tierpark fahren. Hast du Lust?»

Mary und ihr Lamm

Mary hatte ein kleines Lamm.
Sein Fell war weiß wie Schnee.
Wohin auch Mary immer ging,
Ging ganz gewiss das Lämmchen.

Es ging einmal zur Schule mit,
Ganz gegen alle Regeln.
Die Kinder hatten großen Spaß
Am Lamm in ihrer Schule!

Die Lehrerin schob es hinaus,
Doch blieb es in der Nähe
Und wartete geduldig ab,
Bis Mary wieder käme.

«Weswegen liebt es Mary so?»
So fragten laut die Kinder.
«Nun ja, weil Mary es so liebt»,
So sprach die Lehrerin.

Jack and the Beanstalk

Once upon a time a poor woman lived in a little house with her son Jack. The woman had one cow and she kept the cow in the field beside her house.

One day Jack's mother said to him: "Jack, I've got no money left. I can't buy any more food for us to eat. You must take our cow to the market and sell her."

Jack was very sad but he did what he was told. He put a rope round the cow's neck and he went away to the market in the town. His mother waited all day for him to come back.

At last she saw him coming along the road. She ran to meet him and called out: "Did you get a lot of money for the cow?"

Jack pulled a little bag out of his pocket and gave it to his mother. She opened it and looked inside. It was not full of money. It was full of beans.

"Where is the money?" his mother asked.

"I haven't got any money," said Jack. "A man gave me the beans for the cow and he said they were magic beans."

Jack's mother was very angry. "You are a silly boy," she said. "Now we have no cow and no money. You must go to bed without supper."

She took the bag of beans and she threw them on to the ground. Jack went to bed. He was very tired and he fell asleep at once.

The next morning Jack's mother got up and went to look out of the window. She got a very big surprise. She couldn't see out of the window, because something was growing in front of it. She ran to the door to see what it was.

Es war einmal eine arme Frau, die wohnte in einem kleinen Haus mit ihrem Sohn Jack. Die Frau hatte eine Kuh, und diese Kuh hielt sie auf dem Feld neben ihrem Haus.

Eines Tages sagte Jacks Mutter zu ihm: «Jack, ich habe kein Geld mehr. Ich kann nichts mehr zu essen kaufen für uns. Du musst unsere Kuh auf den Markt bringen und verkaufen.»

Jack war sehr traurig, aber er tat, was ihm gesagt worden war. Er band der Kuh ein Seil um den Hals und ging fort zum Markt in der Stadt. Seine Mutter wartete den ganzen Tag darauf, dass er zurückkäme.

Endlich sah sie ihn die Straße entlang kommen. Sie lief ihm entgegen und rief: «Hast du viel Geld für die Kuh bekommen?»

Jack zog ein Säckchen aus der Tasche und gab es seiner Mutter. Sie öffnete es und sah hinein. Es war nicht voller Geld. Es war voller Bohnen.

«Wo ist das Geld?» fragte seine Mutter.

«Ich habe kein Geld bekommen», sagte Jack. «Ein Mann gab mir die Bohnen für die Kuh und sagte, es seien Zauberbohnen.»

Jacks Mutter war sehr zornig. «Du bist ein dummer Junge», sagte sie. «Nun haben wir keine Kuh und kein Geld. Du musst ohne Abendessen ins Bett gehen.»

Sie nahm das Säckchen mit den Bohnen und warf sie auf die Erde. Jack ging ins Bett. Er war sehr müde und schlief sogleich ein.

Am nächsten Morgen stand Jacks Mutter auf und ging zum Fenster, um hinauszuschauen. Sie erlebte eine sehr große Überraschung. Sie konnte nicht aus dem Fenster hinaussehen, weil davor etwas wuchs. Sie lief zur Tür, um zu sehen, was es war.

A big green plant was growing out of the ground. It was growing just where the beans had fallen. It was a great big beanstalk.

Jack's mother called to him: "Jack, come and see this. Come and see this."

Jack jumped out of bed and came running to the door. The beanstalk was the biggest one he had ever seen. He looked up. He couldn't see the top of it. The beanstalk went up and up into the air.

He said to his mother: "I'm going to climb up to see what is at the top."

So he put on his clothes and had his breakfast, and then he began to climb. He climbed up and up till he got to the top of the beanstalk.

He was very surprised at what he saw. He found some fields and a road. The road went up a hill, and at the end of the road there was a big castle. Jack went along the road and he met an old man.

"Who lives in that castle?" Jack asked.

"It is a giant," the old man said. "Don't go near, for if he finds you near the castle he will kill you."

"I'm not afraid of a giant," said Jack, and he walked on.

He did not meet anyone else until he was nearly at the door of the castle. Then the door opened and a woman came out. When she saw Jack she looked very frightened and called to him: "What are you doing here? What do you want?"

"I'm Jack," said Jack. "I've come up the beanstalk and I'm looking for something to take back to my mother."

"Run away at once," the woman said. "My

Eine große, grüne Pflanze wuchs aus dem Boden heraus. Sie wuchs genau dort, wo die Bohnen hingefallen waren. Es war eine große, grüne Bohnenranke.

Jacks Mutter rief ihm zu: «Jack, komm und sieh dir das an! Komm und sieh dir das an!»

Jack sprang aus dem Bett und kam zur Tür gelaufen. Die Bohnenranke war die größte, die er je gesehen hatte. Er schaute nach oben. Er konnte das obere Ende nicht sehen. Die Bohnenranke reckte sich immer weiter in die Luft hinauf.

Er sagte zu seiner Mutter: «Ich werde hinauf klettern, um zu sehen, was am oberen Ende ist.»

Also zog er sich an und frühstückte, und dann begann er zu klettern. Er kletterte und kletterte, bis er das Ende der Bohnenranke erreichte.

Er war sehr verwundert über das, was er sah. Er erblickte einige Felder und eine Straße. Die Straße führte einen Hügel hinauf, und am Ende der Straße stand ein großes Schloß. Jack ging die Straße entlang und begegnete einem alten Mann.

«Wer wohnt in dem Schloss dort?» fragte Jack.

«Ein Riese», sagte der alte Mann. «Geh nicht nah heran, denn wenn er dich in der Nähe des Schlosses findet, wird er dich töten.»

«Ich fürchte mich nicht vor einem Riesen», sagte Jack und ging weiter.

Er traf niemanden mehr, bis er schon fast am Schlosstor war. Da öffnete sich das Tor, und eine Frau kam heraus. Als sie Jack sah, machte sie ein entsetztes Gesicht und rief ihm zu: «Was machst du hier? Was willst du?»

«Ich bin Jack», sagte Jack. «Ich bin an der Bohnenranke herauf gekommen und suche nach etwas, was ich meiner Mutter mitbringen kann.»

«Lauf schleunigst fort», sagte die Frau. «Mein Mann

husband is a giant and if he finds you he will kill you."

Just then Jack heard someone singing in a very loud voice: "Fee fi fo fum, I smell an Englishman."

"That's my husband," the woman said. "Come in quickly and I'll hide you." So she pulled Jack into the kitchen of the castle and hid him in a big oven.

When the giant came in she brought his dinner. After he had eaten it all up, he shouted: "Bring me my bag of gold."

So his wife brought a big bag and put it down on the table in front of him. The giant was just

ist ein Riese, und wenn er dich findet, wird er dich töten.»

Genau in dem Augenblick hörte Jack jemanden mit sehr lauter Stimme singen: «Fi fei fo fam, ich rieche einen Engländer.»

«Das ist mein Mann», sagte die Frau. «Komm schnell herein, ich verstecke dich.» Sie zog darum Jack in die Schlossküche und versteckte ihn in einem großen Backofen.

Als der Riese hereinkam, brachte sie ihm sein Essen. Als er alles aufgegessen hatte, brüllte er: «Bring mir meinen Sack mit Gold!»

Die Frau brachte also einen großen Sack und legte ihn auf den Tisch, direkt vor seine Nase. Der Riese wollte

going to open the bag when the woman let all the dishes fall. Crash!

The giant got up to see what the noise was. Jack jumped out of the oven, grabbed the bag and ran out of the castle door as fast as he could.

He ran down the road and past the fields, till he came to the top of the beanstalk. He slid down to the bottom and ran into the house.

"See what I've got, mother," he called, and he emptied out all the gold money on the table.

His mother was so surprised she couldn't say anything. She put the money back in the bag and hid it away.

Jack and his mother had plenty of money to buy good food now. They got another cow and they were very happy. Then one day they spent the last gold penny.

"I must go up the beanstalk again," Jack said, and he climbed up once more. He walked along the road and up to the castle, and he met the giant's wife.

"Go away," she said. "The giant is coming for his dinner and he will kill you because you stole his gold."

Then Jack heard the giant singing again: "Fee fi fo fum, I smell an Englishman."

"Quick! Come in and I'll hide you," the woman said, and she pulled Jack into the kitchen and hid him in a great big pot. She put the lid on but she left a little space and Jack saw the giant coming in.

The giant got his dinner and then he shouted: "Bring me my goose that lays golden eggs." His wife brought in a big grey goose and put it on the table.

den Sack gerade öffnen, als die Frau alles Geschirr fallen ließ. Krach!

Der Riese stand auf, um zu sehen, was das für ein Lärm war. Jack sprang aus dem Ofen, ergriff den Sack und rannte aus dem Schlosstor, so schnell er konnte.

Er rannte die Straße hinunter und an den Feldern vorbei, bis er zum Ende der Bohnenranke kam. Er rutschte zum Boden hinunter und rannte ins Haus.

«Schau, was ich habe, Mutter», rief er und schüttete alle Goldstücke auf den Tisch.

Seine Mutter war so überrascht, dass sie nichts sagen konnte. Sie tat das Geld zurück in den Sack und versteckte ihn.

Jack und seine Mutter hatten nun viel Geld, um sich gutes Essen zu kaufen. Sie schafften sich eine neue Kuh an und waren sehr glücklich. Doch eines Tages gaben sie ihren letzten goldenen Pfennig aus.

«Ich muss die Bohnenranke wieder hinaufsteigen», sagte Jack und kletterte noch einmal nach oben. Er ging die Straße entlang und zum Schloss hinauf und begegnete der Frau des Riesen.

«Geh fort», sagte sie. «Der Riese kommt gerade zum Essen, und er wird dich töten, weil du sein Geld gestohlen hast.»

Da hörte Jack den Riesen wieder singen: «Fi fei fo fam, ich rieche einen Engländer.»

«Schnell! Komm herein, ich verstecke dich», sagte die Frau, und sie zog Jack in die Küche und versteckte ihn in einem riesengroßen Topf. Sie tat den Deckel darauf, aber sie ließ einen kleinen Spalt offen, und Jack sah den Riesen hereinkommen.

Der Riese bekam sein Essen, und dann brüllte er: «Bring mir meine Gans, die goldene Eier legt.» Seine Frau brachte eine große, graue Gans herein und setzte sie auf den Tisch.

"Lay a golden egg for me," said the giant, and the goose laid a beautiful golden egg.

Just then the giant's wife called: "Help me! My pan of fat is on fire!" The giant went to help his wife and Jack jumped out of the pot, grabbed the goose and ran out of the door. But the goose was frightened and made a loud noise and the giant heard her. He came after Jack, waving a big club.

Jack raced back to the top of the beanstalk. He slid quickly down, grabbed his big axe and chopped the beanstalk right through. Down fell the beanstalk and down fell the giant. Crash! Then everything was very quiet. The giant was dead.

Jack took the goose to his mother and they made a little house for her. Every day she laid a beautiful golden egg and Jack and his mother became rich and lived happily ever after.

The Other Side of the Fence

Chapter 1

Mark and Jenny went past the fence every day on the way to school, and on the way home again. It was a big blue fence and they could not see over the top of it. They did not know what was on the other side.

The fence had a little door in it. Every day they looked at the door, but it was always shut.

The little door had a handle made of brass, with a lion's head on it. Mark wanted to turn the handle and open the door, but he felt frightened

«Leg ein goldenes Ei für mich», sagte der Riese, und die Gans legte ein wunderschönes, goldenes Ei.

In dem Augenblick rief die Frau des Riesen: «Hilf mir! Meine Fettpfanne steht in Flammen!» Der Riese kam seiner Frau zu Hilfe, und Jack sprang aus dem Topf, ergriff die Gans und rannte aus dem Tor. Aber die Gans hatte Angst und machte ein lautes Geschrei, und der Riese hörte sie. Er kam hinter Jack her und schwang eine große Keule.

Jack rannte zurück ans Ende der Bohnenranke. Er rutschte schnell hinunter, ergriff seine große Axt und hackte die Bohnenranke mit einem Schlag mittendurch. Die Bohnenranke fiel zu Boden, und der Riese fiel zu Boden. Krach! Dann war alles ganz still. Der Riese war tot.

Jack brachte die Gans zu seiner Mutter, und sie bauten ein kleines Haus für sie. Jeden Tag legte sie ein wunderschönes goldenes Ei, und Jack und seine Mutter wurden reich und lebten glücklich und zufrieden.

Die andere Seite des Zaunes

1. Kapitel

Mark und Jenny gingen jeden Tag auf ihrem Weg zur Schule an dem Zaun vorbei, und auf dem Rückweg wieder. Es war ein großer, blauer Zaun, und sie konnten nicht über die obere Kante hinüber schauen. Sie wussten nicht, was auf der anderen Seite war.

In dem Zaun war eine kleine Tür. Jeden Tag sahen sie die Tür an, aber sie war immer geschlossen.

Die kleine Tür hatte einen Griff aus Messing mit einem Löwenkopf darauf. Mark wollte den Griff drehen und die Tür öffnen, aber er hatte Angst, wenn er sich vor-

when he thought of doing it. Yet he could not stop wondering what was on the other side.

One day, when they were going past the door on the way home, Mark said to Jenny: "Do you think there is a lion on the other side?"
Jenny put her ear to the door and she listened. "No," she said. "I can't hear a lion roaring."
So Mark tried to think of something else. He remembered that he had a book at home with a story about a giant, and he said. "Do you think there is a giant on the other side?"
But Jenny shook her head. "A giant would need a bigger door," she told him.
Then she looked up at the big fence and she looked down at the handle with the lion's head on it and she put out her hand. She put her hand right out until she touched the handle. Then she turned it – and the door opened!
Mark and Jenny were surprised because the door was not locked. They pushed the door wide open and looked to see what was inside. Mark was disappointed. "Just trees!" he said.

stellte, dass er es täte. Doch konnte er nicht aufhören, sich zu fragen, was wohl auf der anderen Seite war.

Als sie eines Tages auf dem Rückweg an der Tür vorbeikamen, sagte Mark zu Jenny: «Glaubst du, dass auf der anderen Seite ein Löwe ist?»
Jenny legte ihr Ohr an die Tür und lauschte. «Nein», sagte sie, «ich kann keinen Löwen brüllen hören.»
Also versuchte Mark, sich etwas anderes auszudenken. Er erinnerte sich, dass er zu Hause ein Buch mit einer Geschichte über einen Riesen hatte, und sagte: «Glaubst du, dass auf der anderen Seite ein Riese ist?»
Aber Jenny schüttelte den Kopf. «Ein Riese würde eine größere Tür brauchen», sagte sie zu ihm.
Dann sah sie an dem großen Zaun hinauf und sah hinunter zu dem Griff mit dem Löwenkopf und streckte ihre Hand aus. Sie streckte ihre Hand weit aus, bis sie den Griff berührte. Dann drehte sie ihn – und die Tür ging auf!
Mark und Jenny waren überrascht, dass die Tür nicht verschlossen war. Sie stießen die Tür weit auf und schauten umher, um zu erkennen, was drinnen war. Mark war enttäuscht. «Nur Bäume!» sagte er.

But Jenny said, "It's a forest! A big dark forest! Come on! I want to explore it." roam

So they went inside and they walked through the forest. It was dark and damp and full of spiders. Mark began to wish they had not come.

Then suddenly they heard a noise. It was a roaring noise, and it seemed to come from behind them. The children looked round. It was dark among the trees but they could see something moving.

"It's a big animal," said Jenny.

"It's a lion!" said Mark. "I knew there would be a lion! Let's run!"

They ran as fast as they could go, but they heard crashing sounds behind them. The lion was running after them! They looked round and they could see it now quite clearly. They came into an open space with one tree in the middle of it.

"Let's climb that tree," Jenny cried. "Quick, Mark! He won't catch us up there!" So they climbed the tree. It had lots of branches low down, so they could get up easily.

The lion came out from the forest. He lifted his head and saw them up in the tree. Then he opened his mouth and the children thought he was going to roar again. But he just yawned instead.

"Did you see his teeth?" said Mark.

The lion walked over to the tree and lay down underneath it with his head on his paws. The children wondered how they would ever get down again. Then they heard a noise, and in a minute a very tall man came out of the forest.

Aber Jenny sagte: «Das ist ein Wald! Ein großer, dunkler Wald! Komm! Ich möchte ihn erforschen.»
Sie gingen also hinein und durchstreiften den Wald. Er war dunkel und feucht und voller Spinnen. Mark dachte schon, dass sie besser nicht gekommen wären.
Dann hörten sie plötzlich ein Geräusch. Das Geräusch war ein Brüllen, und es schien von hinten zu kommen. Die Kinder schauten sich um. Es war dunkel zwischen den Bäumen, aber sie konnten erkennen, dass sich etwas bewegte.
«Es ist ein großes Tier», sagte Jenny.
«Es ist ein Löwe!» sagte Mark. Ich wusste, dass hier ein Löwe sein würde! Lass uns laufen!»
Sie liefen, so schnell sie nur konnten, aber sie hörten krachende Laute hinter sich. Der Löwe rannte hinter ihnen her!
                Sie schauten sich um, und jetzt konnten sie ihn ganz deutlich erkennen. Sie kamen auf eine Lichtung mit einem Baum in der Mitte.
«Lass uns auf den Baum klettern», rief Jenny. «Schnell, Mark! Dort oben kann er uns nicht erreichen!» Sie kletterten also auf den Baum. Er hatte viele Äste weit unten, so dass sie leicht hinaufsteigen konnten.
Der Löwe kam aus dem Wald heraus. Er hob seinen Kopf und sah, dass sie oben im Baum waren. Dann machte er sein Maul auf, und die Kinder dachten, er würde nun gleich wieder brüllen. Aber stattdessen gähnte er bloß.
«Hast du seine Zähne gesehen?» sagte Mark.
Der Löwe schritt zum Baum hinüber, ließ sich darunter nieder und legte den Kopf auf die Pranken. Die Kinder fragten sich, wie sie jemals wieder hinunterkommen sollten. Dann hörten sie ein Geräusch, und nach einer Minute kam ein sehr großer Mann aus dem Wald.

"It's a giant," Mark whispered. "I knew there would be a giant. Look at the funny clothes he's wearing." The giant walked over to the lion. He did not seem to be frightened at all.

"There you are, Rufus!" he said. "You shouldn't be out here. You know that!" Then he saw the children up in the tree. "What are you two doing up there?" he called to them. "Come down at once!"

But the children were frightened and they would not come down. "Just you wait then!" said the giant. "I'm going to bring Bruno." And he went away.

The children did not want to wait, but the lion was still at the foot of the tree so there was nothing else they could do. Soon they heard the sound of heavy feet and they shivered. Mark said: "Bruno must be a very big giant."

But when they saw Bruno they could not help laughing, for he was not a giant at all. He was an elephant.

The giant said: "Get them down, Bruno." Bruno lifted his big trunk and he curled it round Jenny's waist. He picked her up and swung her over his head and put her down in the giant's arms. Then he brought Mark down in the same way.

"Right!" said the giant. "Now I'll take you to Mr. Grimble." He put Mark under one arm and Jenny under the other arm, and he walked through the forest with them. The lion and the elephant came behind.

On the edge of the forest, there was a little house with a garden. A man was in the garden and he had a big whip in his hand.

«Ein Riese», flüsterte Mark. «Ich wusste, dass hier ein Riese sein würde. Sieh dir die seltsame Kleidung an, die er trägt.» Der Riese schritt hinüber zum Löwen. Er schien überhaupt keine Angst zu haben.

«Hier bist du also, Rufus!» sagte er. «Du solltest nicht hier draußen sein. Das weißt du doch!» Dann sah er die Kinder oben im Baum. «Was macht denn ihr beide da oben?» rief er ihnen zu. «Kommt augenblicklich herunter!»

Aber die Kinder hatten Angst und wollten nicht herunter kommen. «Dann wartet nur!» sagte der Riese. «Ich werde Bruno holen.» Und er ging fort.

Die Kinder wollten nicht warten, aber der Löwe war immer noch am Fuß des Baumes, so dass es nichts anderes gab, was sie hätten tun können. Nach einer Weile hörten sie das Dröhnen schwerer Tritte und zitterten. Mark sagte: «Bruno muss ein sehr großer Riese sein.»

Aber als sie Bruno erblickten, mussten sie trotz allem lachen, denn Bruno war gar kein Riese. Er war ein Elefant.

Der Riese sagte: «Hol sie herunter, Bruno.» Bruno streckte seinen großen Rüssel nach oben und schlang ihn um Jennys Taille. Er hob sie hoch, schwang sie über seinen Kopf und legte sie dem Riesen in die Arme. Dann holte er auf die gleiche Art und Weise Mark herunter.

«Recht so!» sagte der Riese. «Jetzt werde ich euch zu Herrn Grimble bringen.» Er nahm Mark unter den einen Arm und Jenny unter den anderen und schritt mit ihnen durch den Wald. Der Löwe und der Elefant kamen hinterher.

Am Rande des Waldes befand sich ein kleines Haus mit einem Garten. Im Garten stand ein Mann, und der hatte eine große Peitsche in der Hand.

The giant said: "I've caught two children, Mr. Grimble."

Mr. Grimble looked at Mark and Jenny. "They're not very big ones this time," he said, "but bring them over here." Mark and Jenny looked at the big whip and they did not like it.

Then Mr. Grimble told the giant to take them into the house, and see that they did not escape. So the giant took the children into the house and locked them in a room.

"What are they going to do to us?" said Mark. "Do you think they like to eat children for supper?"

"I don't know," said Jenny.

Chapter 2

Soon Mark and Jenny heard the key turning in the lock and Mr. Grimble came in.

"Not very big ones this time," he said, looking at them. Jenny was glad to see that he did not have his whip with him. He sat down on a stool and he said: "Why did you come here?"

"We just wanted to see what was on the other side of the fence," Mark told him.

And Jenny said: "Why did the giant catch us and lock us up?" Then Mr. Grimble laughed, and Jenny thought that he probably did not eat children for supper after all.

"He's not a giant," said Mr. Grimble. "He's the strong man. His name is Jim Jellico. He thought you were going to steal our apples and throw stones at the animals."

"We weren't going to steal things," said Mark.

"We weren't going to throw stones," said Jenny.

Der Riese sagte: «Ich habe zwei Kinder erwischt, Herr Grimble.»

Herr Grimble betrachtete Mark und Jenny. «Es sind keine sehr großen, diesmal», sagte er, «aber bring sie her.» Mark und Jenny betrachteten die große Peitsche, und die gefiel ihnen gar nicht.

Dann befahl Herr Grimble dem Riesen, sie ins Haus zu bringen und aufzupassen, dass sie nicht entwischten. Der Riese brachte also die Kinder ins Haus und schloss sie in einem Zimmer ein.

«Was werden sie nun mit uns machen?» sagte Mark. «Glaubst du, dass sie gern Kinder zum Abendbrot essen?»

«Ich weiß nicht», sagte Jenny.

2. Kapitel

Bald hörten Mark und Jenny, wie der Schlüssel sich im Schloss drehte, und Herr Grimble kam herein.

«Keine sehr großen, diesmal», sagte er und betrachtete sie. Jenny war froh, dass er seine Peitsche nicht mitgebracht hatte. Er setzte sich auf einen Hocker und sagte: «Warum seid ihr hergekommen?»

«Wir wollten nur sehen, was auf der anderen Seite des Zaunes war», erzählte ihm Mark.

Und Jenny sagte: «Warum hat der Riese uns gefangen und eingesperrt?» Da lachte Herr Grimble, und Jenny dachte, dass er wahrscheinlich doch keine Kinder zum Abendbrot aß.

«Er ist kein Riese», sagte Herr Grimble. «Er ist der starke Mann. Er heißt Jim Jellico. Er dachte, ihr wolltet unsere Äpfel stehlen und die Tiere mit Steinen bewerfen.»

«Wir wollten doch gar nichts stehlen», sagte Mark.

«Wir wollten doch gar keine Steine werfen», sagte Jenny.

"All right," said Mr. Grimble. "Come and see the animals, then."

Suddenly Mark and Jenny weren't frightened any more. Mr. Grimble led them out of the house and through the garden into a field. They saw a big funny gate. It was painted red and gold and it was standing in the middle of the field. It did not have any walls beside it, but it had some writing on it. The writing said: GRIMBLE'S GRAND CIRCUS.

"Is it *your* circus, Mr. Grimble?" Mark asked. Mr. Grimble opened the gate and they all went through.

"It isn't really a circus any more," he said. "We have all retired. We are a retired circus now, that's what we are."

The children did not understand. Jenny said: "Please, Mr. Grimble, what does 'retired' mean?"

So Mr. Grimble told them. He said: "Retired means that we don't work any more. We are too old to work. So we don't travel about giving shows now. We just live happily here."

Mark and Jenny looked round the field. They saw a lot of cages, and a low fence that went round in a circle. It had some boxes inside it and a big coloured ball.

Chapter 3

Then Mark and Jenny met the animals in the retired circus. They met the horses, and the sea-lion, and the chimp, and the lion, and the elephant.

84
85
"We've met the lion and the elephant already," said Jenny. Bruno waved his trunk at them,

«In Ordnung», sagte Herr Grimble. «Dann kommt mit und schaut euch die Tiere an.»

Plötzlich hatten Mark und Jenny keine Angst mehr. Herr Grimble führte sie aus dem Haus hinaus und durch den Garten auf ein Feld. Sie erblickten ein großes, sonderbares Tor. Es war mit roter und goldener Farbe angemalt und stand mitten auf dem Feld. Es hatte überhaupt keine Mauern neben sich, aber eine Schrift war darauf. Die Schrift lautete: *Grimbles großartiger Zirkus*.

«Ist das *Ihr* Zirkus, Herr Grimble?» fragte Mark. Herr Grimble machte das Tor auf, und sie gingen alle hindurch.

«Es ist eigentlich kein Zirkus mehr», sagte er. «Wir leben alle im Ruhestand. Wir sind jetzt ein Zirkus im Ruhestand, genau das sind wir.»

Die Kinder verstanden das nicht. Jenny sagte: «Bitte, Herr Grimble, was bedeutet ‹im Ruhestand›?»

Also erklärte Herr Grimble es ihnen. Er sagte: «‹Im Ruhestand› bedeutet, dass wir nicht mehr arbeiten. Wir sind zu alt zum Arbeiten. Deshalb reisen wir nicht mehr herum und geben keine Vorstellungen mehr. Wir leben einfach ganz zufrieden hier.»

Mark und Jenny schauten sich auf dem Feld um. Sie sahen eine Menge Käfige und einen niedrigen, kreisrunden Zaun. Innerhalb des Zaunes befanden sich einige Kästen und ein großer, bunter Ball.

3. Kapitel

Dann lernten Mark und Jenny die Tiere kennen, die zu dem Zirkus im Ruhestand gehörten. Sie lernten die Pferde kennen und den Seelöwen und den Schimpansen und den Löwen und den Elefanten.

«Den Löwen und den Elefanten kennen wir schon», sagte Jenny. Bruno winkte ihnen mit seinem Rüssel

but Jenny was glad that he did not try to pick anyone up.

The horses were called Sugar and Spice, and they galloped round the field for Mark and Jenny. The sea-lion was called Lofty, and he came out of his pond and put his ball on his nose for them. The chimp was called Peanuts and he rode on his bicycle for them.

Rufus, the lion, tried to roar for them, but he was too tired and he went to sleep instead. Mr. Grimble told them that Rufus was very old.

Jim Jellico took a big iron bar and bent it to show the children how strong he was. Then he took them back to the little blue door in the fence.

"This door is supposed to be kept locked," he said. "I don't know why it was open today." Then he asked: "Can you count to three?"

"Of course we can," said Mark.

So Jim Jellico said: "Come next Tuesday at four o'clock and knock three times. I'll let you in."

On the way home, Mark said: "I was right after all, Jenny. There *was* a lion and there was a giant too."

"But he wasn't a real giant," said Jenny, "only Jim Jellico."

zu, aber Jenny war froh, dass er nicht versuchte, jemanden hochzuheben.

Die Pferde hießen Zucker und Gewürz, und sie galoppierten für Mark und Jenny rund um das Feld herum. Der Seelöwe hieß Hoheit, und er kam aus seinem Teich heraus und balancierte für sie einen Ball auf der Nase.

Der Schimpanse hieß Erdnuss, und er fuhr für sie auf dem Fahrrad.

Rufus, der Löwe, versuchte, für sie zu brüllen, aber er war zu müde und schlief statt dessen ein. Herr Grimble erzählte ihnen, daß Rufus sehr alt sei.

Jim Jellico nahm eine dicke Eisenstange und bog sie zusammen, um den Kindern zu zeigen, wie stark er war. Dann brachte er sie zurück zu der kleinen blauen Tür im Zaun.

«Diese Tür soll eigentlich immer verschlossen sein», sagte er. «Ich weiß nicht, warum sie heute unversperrt war.» Dann fragte er: «Könnt ihr bis drei zählen?»

«Natürlich können wir das», sagte Mark.

Also sagte Jim Jellico: «Kommt nächsten Dienstag um vier Uhr und klopft dreimal. Ich werde euch hereinlassen.»

Auf dem Heimweg sagte Mark: «Ich hatte doch recht, Jenny. Es *war* dort ein Löwe, und es war dort auch ein Riese.»

«Aber es war kein richtiger Riese», sagte Jenny, «nur Jim Jellico.»

Chapter 1

Puggle the witch lived in a wooden house with her black cat, who was called Moonbeam. She called him Moonbeam because his coat was shiny, and because he liked the night-time best.

Puggle liked the night-time too. She liked to fly on her broomstick. Every night when it got dark she took her broomstick out of the cupboard and polished the handle. Then she sat on it and she flew high up into the sky.

Sometimes Moonbeam sat on the broomstick behind her. He liked this best when the moon was big and round and yellow.

Puggle lived in the hills behind the town. The rocks in these hills were a dark red colour and that was why the town got the name of Redhills.

One night, when the moon was big and round and yellow, Puggle said to Moonbeam: "Well Mr. Moonbeam, are you coming with me tonight?"

And Moonbeam said: "Yes, Mrs. Puggle, I'm coming." (They always called one another Mrs. Puggle and Mr. Moonbeam, very politely.)

That night, the moon was so big and round and yellow that the whole valley was full of light. And the broomstick seemed to fly faster and higher than usual.

"Mrs. Puggle," said Moonbeam, "why don't we fly right over the hills tonight and see what is in the next valley?"

They had never done this before, and Puggle was not sure that it was a good plan. The tops

Puggles neuer Besen

1. Kapitel

Die Hexe Puggle lebte in einem Holzhaus zusammen mit ihrem schwarzen Kater, der Mondstrahl hieß. Sie nannte ihn Mondstrahl, weil er ein schimmerndes Fell hatte und weil ihm die Nacht am besten gefiel.

Puggle gefiel die Nacht ebenfalls. Sie flog gern auf ihrem Besen. Jeden Abend, wenn es dunkel wurde, holte sie ihren Besen aus dem Schrank und rieb den Stiel blank. Dann setzte sie sich darauf und flog hoch in den Himmel hinauf.

Manchmal saß Mondstrahl hinter ihr auf dem Besen. Das tat er am liebsten, wenn der Mond groß und rund und gelb war.

Puggle lebte in den Bergen hinter der Stadt. Die Felsen in diesen Bergen hatten eine dunkelrote Farbe, und deshalb hatte die Stadt den Namen Rotenberg bekommen.

Eines Nachts, als der Mond groß und rund und gelb war, sagte Puggle zu Mondstrahl: «Sagen Sie, Herr Mondstrahl, wollen Sie heute nacht mit mir kommen?»

Und Mondstrahl sagte: «Ja, Frau Puggle, ich komme schon mit.» (Sie nannten sich stets sehr höflich Frau Puggle und Herr Mondstrahl.)

In der besagten Nacht war der Mond so groß und rund und gelb, dass das ganze Tal voller Licht war. Und der Besen schien schneller und höher zu fliegen als gewöhnlich.

«Frau Puggle», sagte Mondstrahl, «warum fliegen wir heute nacht nicht einfach mal über die Berge und schauen, was sich im nächsten Tal befindet?»

Das hatten sie nie zuvor gemacht, und Puggle war sich nicht sicher, ob es ein guter Plan war. Die Gipfel

of the hills looked very black and sharp in the moonlight.

"I'm not sure if the broomstick can go as high as that," she said. "It wouldn't be very nice if we crashed into a rock."

"But you're a witch, Mrs. Puggle," said Moonbeam. "Just say one of your best spells and we'll be all right."

Puggle was very proud of being a good witch, so she turned the broomstick towards the tops of the hills and she began to say one of her best spells for flying.

"But it's not just the words that make a good spell," she said. "I should really have some *things* as well."

"What things?" Moonbeam asked.

"Well, I should have a hair from the tail of a black rat and some toadstools," said Puggle. "The kind with red spots would be best. But it might work without them. We'll see." So she went on saying her spell.

The broomstick rose higher and higher. The air got colder and colder. Soon they came close to the tops of the hills so that they could see the sharp rocks sticking up.

They were very nearly at the top of the highest hill when they heard a roaring noise, louder than thunder. Puggle was so surprised that she stopped saying her spell. The broomstick wobbled and went more slowly and began to fall.

"Hold on tight, Mr. Moonbeam!" Puggle cried, and they crashed into the hillside.

A big aeroplane with its lights winking flew above them. It passed easily over the hill tops and flew on. The roaring noise died away.

der Berge sahen im Mondlicht sehr schwarz und spitz aus.

«Ich weiß nicht, ob der Besen so hoch fliegen kann», sagte sie. «Es wäre nicht sehr angenehm, wenn wir gegen einen Felsen prallen würden.»

«Aber Sie sind doch eine Hexe, Frau Puggle», sagte Mondstrahl. «Sagen Sie einfach einen Ihrer besten Zaubersprüche, und es wird alles gut gehen.»

Puggle war sehr stolz darauf, eine gute Hexe zu sein, darum lenkte sie den Besen in Richtung der Berggipfel und begann einen ihrer besten Zaubersprüche für das Fliegen herzusagen.

«Aber es sind nicht einfach nur die Worte, die einen guten Zauberspruch ausmachen», sagte sie. «Ich sollte eigentlich außerdem noch ein paar Sachen haben.»

«Was denn für Sachen?» fragte Mondstrahl.

«Nun, ich sollte ein Haar vom Schwanz einer schwarzen Ratte und ein paar giftige Pilze haben», sagte Puggle. «Die Sorte mit den roten Flecken wäre am besten. Aber es könnte auch so klappen. Wir werden ja sehen.» Sie fuhr also fort, ihren Zauberspruch herzusagen.

Der Besen stieg höher und höher. Die Luft wurde kälter und kälter. Bald kamen sie den Berggipfeln so nahe, dass sie die spitzen Felsen erkennen konnten, die in die Luft ragten.

Sie befanden sich fast am Gipfel des höchsten Berges, als sie einen brüllenden Lärm vernahmen, lauter als Donner. Puggle war so überrascht, dass sie aufhörte, ihren Zauberspruch zu sprechen. Der Besen schwankte, flog langsamer und begann zu sinken.

«Halten Sie sich fest, Herr Mondstrahl!» rief Puggle, und sie stürzten in den Berghang.

Ein großes Flugzeug flog mit blinkenden Lichtern über sie hin. Mühelos überquerte es die Berggipfel und flog weiter. Der brüllende Lärm erstarb.

Puggle and Moonbeam looked at one another.

"Are you all right, Mr. Moonbeam?" said Puggle.

"I hurt my paw on the rock, but it's not too bad," said Moonbeam. "What about you?"

"I'm all right," said Puggle. "But just look at the broomstick! Just look at my beautiful broomstick!"

The handle of the broomstick had broken in two. Witches don't cry, but Puggle felt like crying. "I'll never get another one like it," she said. "It's the best broomstick I ever had." She picked up the two parts of the handle and tried to fit them together.

"Perhaps you'll be able to get it mended," said Moonbeam.

They scrambled sadly down the hillside. The sun was just beginning to rise when they got back home and went to bed.

Chapter 2

Puggle and Moonbeam slept all day because they were very tired. When the darkness came again, Puggle lit her lamp. Then she took the two bits of the broken broomstick out of the cupboard and looked at them.

"Could you say a spell to mend it?" Moonbeam suggested. But Puggle shook her head.

"There aren't any spells for mending broomsticks," she told him.

Moonbeam looked out of the window. The moon was still big and yellow, though it was not quite so round as it had been the night before. He wanted to fly up into the sky towards it.

"Well, where do witches get their broom-

Puggle und Mondstrahl sahen sich an.

«Alles in Ordnung, Herr Mondstrahl?» sagte Puggle.

«Ich habe mir die Pfote am Felsen gestoßen, aber es ist nicht allzu schlimm», sagte Mondstrahl. «Wie steht es mit Ihnen?»

«Mir geht es gut», sagte Puggle. «Aber sehen Sie sich nur den Besen an! Sehen Sie sich nur meinen wunderschönen Besen an!»

Der Besenstiel war entzwei gebrochen. Hexen weinen nicht, aber Puggle hätte gern geweint. «So einen wie diesen werde ich nie wieder finden», sagte sie. «Es ist der beste Besen, den ich je hatte.» Sie hob die beiden Enden des Stiels auf und versuchte, sie wieder zusammenzufügen.

«Vielleicht können Sie ihn heil machen lassen», sagte Mondstrahl.

Sie kletterten traurig den Berg hinunter. Die Sonne ging gerade auf, als sie zu Hause ankamen und ins Bett gingen.

2. Kapitel

Puggle und Mondstrahl schliefen den ganzen Tag, weil sie sehr müde waren. Als wieder die Dunkelheit hereinbrach, zündete Puggle ihre Lampe an. Dann holte sie die beiden Enden des zerbrochenen Besens aus dem Schrank und betrachtete sie.

«Könnten Sie nicht einen Zauberspruch sagen, um ihn heil zu machen?» schlug Mondstrahl vor.

Aber Puggle schüttelte den Kopf. «Es gibt keine Zaubersprüche, um Besen heil zu machen», erklärte sie.

Mondstrahl sah aus dem Fenster. Der Mond war immer noch groß und gelb, wenn auch nicht mehr ganz so rund, wie er in der Nacht zuvor gewesen war. Er wollte in den Himmel hinauf fliegen, ihm entgegen.

«Woher bekommen denn Hexen ihre Besen?» fragte

sticks?" he asked. "I mean, where does a *young* witch get one?"

Puggle scratched her head. "I got mine from my mother," she said. "But I know that there is a place where broomsticks are made – a kind of broomstick factory, if you see what I mean. Only it's very far away over the hills. I would need a broomstick to get to it, that's the trouble!"

Suddenly, Moonbeam had an idea. "You could turn me into a bird," he said. "Then I could fly over the hills and fetch a new broomstick for you. Do you think you could turn me in-to a bird?"

"Of course I could!" said Puggle. "What a splendid idea!" She got out her big pot and she began to put things into it.

"What do you need?" Moonbeam asked. "Any hairs from rats' tails? I'll bring you some whole rats if you like!" Moonbeam loved to hunt rats.

But Puggle said: "No hairs from rats' tails this time, Mr. Moonbeam, but I do need the toad-stools – with red spots, remember. And ten snail shells, and two black feathers, and three spiders' webs and some slippery, slimy weeds from the pond."

So they went to look for the toadstools with red spots, and the ten snail shells, and the two black feathers, and the three spiders' webs and the slippery, slimy weeds from the pond. It took a long time but they found them all in the end and put them into the pot.

"What kind of bird would you like to be?" said Puggle.

er. «Ich meine, woher bekommt eine *junge* Hexe ihren Besen?»

Puggle kratzte sich am Kopf. «Ich habe meinen von meiner Mutter bekommen», sagte sie. «Aber ich weiß, dass es einen Ort gibt, wo Besen hergestellt werden – eine Art Besenfabrik, wenn Sie verstehen, was ich meine. Nur liegt der sehr weit weg jenseits der Berge. Ich brauchte einen Besen, um hinzukommen, das ist die Schwierigkeit!»

Plötzlich hatte Mondstrahl eine Idee. «Sie könnten mich in einen Vogel verwandeln», sagte er. «Dann könnte ich über die Berge fliegen und Ihnen einen neuen besorgen. Glauben Sie, dass Sie mich in einen Vogel verwandeln könnten?»

«Natürlich könnte ich das!» sagte Puggle. «Was für ein großartiger Einfall!» Sie holte ihren großen Topf heraus und fing an, Sachen hineinzutun.

«Was brauchen Sie?» fragte Mondstrahl. «Irgendwelche Haare von Rattenschwänzen? Ich bringe Ihnen ein paar ganze Ratten, wenn Sie es möchten!» Mondstrahl jagte sehr gern Ratten.

Aber Puggle sagte: «Keine Haare von Rattenschwänzen dieses Mal, Herr Mondstrahl, aber ich brauche in der Tat die Pilze – die mit den roten Flecken, wenn Sie sich erinnern. Und zehn Schneckenhäuser und zwei schwarze Federn und drei Spinnennetze und ein paar schlüpfrige, schleimige Pflanzen aus dem Teich.»

Also gingen sie los, um die Pilze mit den roten Flecken zu suchen und die zehn Schneckenhäuser und die zwei schwarzen Federn und die drei Spinnennetze und die schlüpfrigen, schleimigen Pflanzen aus dem Teich. Es dauerte lange, aber endlich hatten sie alles gefunden und taten es in den Topf.

«Was für ein Vogel möchten Sie gern sein?» sagte Puggle.

"An eagle," said Moonbeam.

So Puggle stirred the pot until everything was mixed together, and bubbling and boiling. Moonbeam sat and watched.

"There's one thing that you must remember," she told him. "This spell won't last for ever. After a night and a day you'll turn back into a cat. You must take care to get home before that happens."

"Why can't you make a spell that lasts longer?" said Moonbeam.

"There isn't one," said Puggle.

But that was not quite true. She only said this because she was a little worried. She knew that Moonbeam loved flying and she was afraid he might enjoy being an eagle and not want to come home again. Then she wouldn't have a broomstick and she wouldn't have a cat. She would hardly be a witch at all!

"Sit still now, Mr. Moonbeam", she told him. Then she said the magic words of the spell and she put some drops of the magic mixture on his tail. There was a bright flash of light. Moonbeam disappeared – and a great golden eagle hopped down from the chair.

Puggle tied a bag to the eagle's leg, with money in it to pay for the new broomstick. Then she said: "Good luck, Mr. Moonbeam. But remember! The sun is rising now. You must be back here before the first rays of sunlight strike your feathers tomorrow morning, because when that happens you'll turn into a cat again."

The eagle hopped out of the door. Then it spread its huge wings and it flew away into the sky.

«Ein Adler», sagte Mondstrahl.

Und so rührte Puggle im Topf herum, bis sich alles miteinander vermischt hatte und blubberte und kochte. Mondstrahl saß dabei und sah aufmerksam zu.

«Eine Sache müssen Sie im Gedächtnis behalten», erklärte sie ihm. «Dieser Zauber wird nicht ewig dauern. Nach einer Nacht und einem Tag werden Sie sich wieder in einen Kater verwandeln. Sie müssen darauf achten, dass Sie wieder zu Hause sind, bevor das geschieht.»

«Warum können Sie nicht einen Zauber machen, der länger anhält?» sagte Mondstrahl.

«Es gibt keinen», sagte Puggle.

Aber das stimmte nicht ganz. Sie sagte das nur, weil sie ein wenig in Sorge war. Sie wusste, dass Mondstrahl für sein Leben gern flog, und fürchtete, er würde es genießen, ein Adler zu sein, und nicht mehr zurückkehren wollen. Dann würde sie weder einen Besen noch einen Kater haben. Dann wäre sie fast überhaupt keine Hexe!

«Sitzen Sie jetzt still, Herr Mondstrahl», sagte sie zu ihm. Dann sprach sie die geheimnisvollen Worte des Zauberspruchs und tat ein paar Tropfen von dem Zaubertrank auf seinen Schwanz. Es gab einen leuchtend hellen Blitz. Mondstrahl verschwand – und ein großer, goldfarbener Adler hüpfte vom Stuhl hinunter.

Puggle band einen Beutel am Bein des Adlers fest, in dem das Geld für den neuen Besen war. Dann sagte sie: «Viel Glück, Herr Mondstrahl. Aber denken Sie daran: Die Sonne geht jetzt auf. Sie müssen wieder hier sein, bevor die ersten Sonnenstrahlen morgen früh auf Ihre Federn fallen, denn wenn das geschieht, werden Sie sich wieder in einen Kater verwandeln.»

Der Adler hüpfte aus der Tür. Dann breitete er seine gewaltigen Schwingen aus und flog davon in den Himmel hinauf.

Chapter 3

Moonbeam had to keep telling himself that he must hurry to get to the broomstick factory, when all he really wanted to do was to play at swooping and gliding through the air. But at last he came to the factory and got the best broomstick he could find there.

The people at the factory were not surprised when an eagle came to buy a broomstick, because they were all witches themselves. They said to him: "You know the broomstick won't be any use for flying until Mrs. Puggle says a spell, don't you? The instructions for the spell are all written on the bit of paper that's tied to the handle. Take care not to lose that. She might need it."

Moonbeam thanked them. He picked up the broomstick in his huge claws and flew away. It was already dark.

"I'll have to hurry," he thought. "I spent too much time playing yesterday."

Moonbeam flew in a straight line towards the hills. A wind began to blow from the north. It made the air grow very cold.

The broomstick was heavy. Moonbeam began to think that he might not be able to fly high enough to cross over the hilltops.

He flapped his huge wings to lift himself higher. He was very tired now but his wings were so strong that they carried him up and up – and over the sharp rocks.

He glided for a moment to give himself a rest, and then he saw that the rocks had been the very top of the mountain. His own valley was lying below him.

3. Kapitel

Mondstrahl musste sich immer wieder daran erinnern, dass er sich beeilen musste, um die Besenfabrik zu erreichen – während er doch in Wirklichkeit immer nur spielerisch durch die Luft hinab stürzen und gleiten wollte. Aber schließlich kam er zu der Fabrik und kaufte den besten Besen, den er dort finden konnte.

Die Leute in der Fabrik waren nicht weiter verwundert, als ein Adler kam, um einen Besen zu kaufen, denn sie waren selbst lauter Hexen. Sie sagten zu ihm: «Sie wissen, dass der Besen sich erst zum Fliegen eignet, wenn Frau Puggle einen Zauberspruch gesagt hat, nicht wahr? Die Anweisungen für den Zauberspruch stehen alle auf dem Stück Papier, das am Stiel festgebunden ist. Geben Sie acht, dass Sie es nicht verlieren. Sie könnte es brauchen.»

Mondstrahl dankte ihnen. Er hob den Besen mit seinen gewaltigen Klauen hoch und flog davon. Es war bereits dunkel.

«Ich werde mich beeilen müssen», dachte er. «Ich habe gestern zu viel Zeit mit Spielen verloren.»

Mondstrahl flog schnurstracks zu den Bergen. Ein Wind begann von Norden zu wehen. Er ließ die Luft sehr kalt werden.

Der Besen war schwer. Mondstrahl machte sich Gedanken, ob er vielleicht nicht hoch genug fliegen könnte, um über die Berggipfel hinweg zu kommen.

Er schlug mit seinen großen Flügeln, um sich höher hinauf zu schwingen. Er war jetzt sehr müde, aber seine Flügel waren so kräftig, daß sie ihn höher und höher hinauf trugen – und hinweg über die spitzen Felsen.

Einen Augenblick lang ging er in den Gleitflug über, um sich auszuruhen, und dann sah er, daß die Felsen der höchste Gipfel des Berges gewesen waren. Sein eigenes Tal lag unter ihm.

The only trouble was that it was nearly morning. The sky was growing brighter in the east. Soon the first rays of sunlight would come.

The first ray of sunlight struck his feathers just as he was coming down to land at Puggle's door. He turned into a cat again immediately, and so he tumbled out of the air instead of landing gracefully. But cats can fall quite a long way without hurting themselves.

The broomstick landed in a cabbage patch so it was not damaged either. And Puggle was very happy to have a cat, and a broomstick, and to be a proper witch again.

English and German

At an international congress a German professor was having difficulty making himself understood in English, so one of the organizers jumped to his feet and said: "Does anyone here speak German?" Whereupon an Englishman proudly held up his hand and said: "Mich!"

Die einzige Schwierigkeit war die, dass es beinahe Morgen war. Im Osten wurde der Himmel heller. Bald würden die ersten Sonnenstrahlen kommen.

Der erste Sonnenstrahl fiel auf seine Federn, als er gerade zur Landung vor Puggles Tür ansetzte. Sofort verwandelte er sich wieder in einen Kater, und so purzelte er aus der Luft hinunter, anstatt elegant zu landen. Aber Kater können ziemlich tief hinunterfallen, ohne sich weh zu tun.

Der Besen landete in einem Kohlbeet, so dass er auch keinen Schaden nahm. Und Puggle war sehr glücklich darüber, einen Kater und einen Besen zu haben und wieder eine richtige Hexe zu sein.

Englisch und deutsch

Bei einer internationalen Tagung hatte ein deutscher Professor Schwierigkeiten, sich auf englisch verständlich zu machen. Daher sprang einer der Organisatoren auf und fragte: «Spricht hier jemand deutsch?» Worauf ein Engländer stolz die Hand hob und sagte: «Mich!»

The Pedlar of Swaffham

In the old days when London Bridge was lined with shops from one end to the other, and salmon swam under the arches, there lived at Swaffham, in Norfolk, a poor pedlar. He'd much ado to make his living, trudging about with his pack at his back and his dog at his heels, and at the close of the day's labour was but too glad to sit down and sleep. Now it fell out that one night he dreamed a dream, and therein he saw the great bridge of London town, and it sounded in his ears that if he went there he should hear joyful news. He made little count of the dream, but on the following night it came back to him, and again on the third night.

Then he said within himself, "I must needs try the issue of it," and so he trudged up to London town. Long was the way and right glad was he when he stood on the great bridge and saw the tall houses on right hand and left, and had glimpses of the water running and the ships sailing by. All day long he paced to and fro, but he heard nothing that might yield him comfort.

And again on the morrow he stood and he gazed – he paced afresh the length of London Bridge, but naught did he see and naught did he hear.

Now the third day being come as he still stood and gazed, a shopkeeper hard by spoke to him "Friend," said he, "I wonder much at your fruitless standing. Have you no wares to sell?"

"No, indeed," quoth the pedlar.

In alten Zeiten, als die Londoner Brücke noch von einem zum anderen Ende mit Läden gesäumt war und Lachse unter ihren Pfeilern durchschwammen, da lebte in Swaffham in Norfolk ein armer Trödler. Er hatte viel Mühe, seinen Lebensunterhalt zu verdienen; er schleppte sich herum mit seinem Packen auf dem Rücken und seinem Hund immer an den Fersen. Nach der täglichen Arbeit war er nur zu froh, wenn er sich hinsetzen und schlafen konnte. Nun trug es sich zu, dass er eines Nachts einen Traum hatte, und in diesem Traum sah er die große Brücke der Stadt London. Er vernahm eine Stimme, die sagte, er werde eine freudige Nachricht hören, wenn er dorthin ginge. Er maß dem Traum wenig Bedeutung bei, aber in der folgenden und noch einmal in der dritten Nacht wiederholte sich der Traum.

Da sagte er zu sich selber: «Ich muss unbedingt wissen, wie das ausgeht.» Und so machte er sich auf in die Stadt London. Lang war der Weg, und richtig froh war der Mann, als er auf der großen Brücke stand, die prächtigen Häuser rechts und links und immer wieder etwas von dem strömenden Fluss und den vorübersegelnden Schiffen sah. Den ganzen Tag lang ging er auf und ab, aber er erfuhr nichts, was ihm Mut machte.

Und am nächsten Morgen stand er wieder und staunte – er schritt von neuem die Londoner Brücke auf und ab, doch er sah nichts und hörte nichts.

Nun war der dritte Tag gekommen, und noch immer stand er da und starrte. Da sprach ihn ein Mann an, der in der Nähe seinen Laden hatte: «Mein Freund», sagte er, «ich wundere mich sehr über dein unnützes Herumstehen. Hast du denn keine Waren zu verkaufen?»

«Nein, wirklich nicht», sprach der Trödler.

"And you do not beg for alms."

"Not so long as I can keep myself."

"Then what, I pray thee, dost thou want here, and what may thy business be?"

"Well, kind sir, to tell the truth, I dreamed that if I came hither, I should hear good news."

Right heartily did the shopkeeper laugh. "Nay, thou must be a fool to take a journey on such a silly errand. I'll tell thee, poor silly country fellow, that I myself dream too o' nights, and that last night I dreamt myself to be in Swaffham, a place clean unknown to me, but in Norfolk if I mistake not, and methought I was in an orchard behind a pedlar's house, and in that orchard was a great oak tree. Then meseemed that if I digged I should find beneath that tree a great treasure. But think you I'm such a fool as to take on me a long and wearisome journey and all for a silly dream? No, my good fellow, learn wit from a wiser man than thyself. Get thee home, and mind thy business."

When the pedlar heard this he spoke no word, but was exceeding glad in himself, and returning home speedily, digged underneath the great oak-tree, and found a prodigious great treasure. He grew exceeding rich, but he did not forget his duty in the pride of his riches. For he built up again the church at Swaffham, and when he died they put a statue of him therein all in stone with his pack at his back and his dog at his heels. And there it stands to this day to witness if I lie.

«Und du bettelst auch nicht um Almosen?»

«So lange, wie ich mich selbst erhalten kann, nicht.»

«Aber ich bitte dich, was willst du dann hier, was könnte dein Vorhaben sein?»

«Nun, lieber Herr, um die Wahrheit zu sagen, ich habe geträumt, dass ich gute Nachrichten hören würde, wenn ich hierher käme.»

Da lachte der Ladeninhaber so recht von Herzen. «Nein, was musst du für ein Narr sein, wegen solch eines dummen Auftrags eine Reise zu unternehmen. Ich will dir erzählen, du dummer Bauernkerl, dass ich selber nachts auch träume; und in der letzten Nacht träumte mir, ich wäre in Swaffham, einem mir völlig unbekannten Ort, wohl in Norfolk gelegen, wenn ich nicht irre; und mir schien, ich sei in einem Obstgarten hinter dem Haus eines Trödlers, und in diesem Garten stände eine mächtige Eiche. Dann schien es mir, ich sollte unter diesem Baum, wenn ich grübe, einen großen Schatz finden. Aber denkst du, dass ich solch ein Narr bin, eine lange und beschwerliche Reise auf mich zu nehmen – nur wegen einem albernen Traum? Nein, mein Bester, lass dir gut raten von einem Mann, der gescheiter ist als du. Geh nach Haus und bleib bei deiner Arbeit.»

Als der Trödler dies hörte, sagte er kein Wort, war aber insgeheim über die Maßen froh; schnell kehrte er nach Hause zurück, grub unter dem großen Eichbaum und fand einen riesigen Schatz. Er wurde ungeheuer reich, doch vergaß er bei allem Stolz auf seine Reichtümer nicht seine Pflicht. Er baute die Kirche in Swaffham wieder auf, und als er starb, errichtete man dort ein Standbild von ihm, mit seinem Bündel auf dem Rücken und seinem Hund an seinen Fersen. Und dort steht es heute noch, zum Beweis, dass ich nicht lüge.

Two Limericks

There was an old man with a beard.
Who said, "It is just as i feared.
   Two owls and a hen,
   Four larks and a wren,
Have all built their nests in my beard."

There was a young lady whose nose
Was so long that it reached to her toes.
   So she hired an old lady
   Whose conduct was steady,
To carry that wonderful nose.

Edward Lear

In Praise of Gerbils

Sir, I think Jane Adrian (April 19) is quite wrong in saying that gerbils can not be played with because my brother and I have had our gerbils since Christmas and I have had my gerble out every day without fail. Also they are very cuddley pets because you can hold them. I must not forget to mention that my mother can never remember having cleaned or fed our girbles and gerbils aren't stupid.

I have already taught my girble a few tricks and they do live for a reasonable time. You really can't expect them to live for about 11 or 12 years because they are such small animals. They are much easier to keep than dogs because you don't have to buy them a lead or a license.

My gerbil can cut cotton and paper up and I bet that dogs and cats can't do that much. Also

Zwei Limericks

Es war mal ein alter Mann mit Bart,
Der sagte: «Es ist, wie ich fürchtete:
   Zwei Eulen und ein Huhn,
   Vier Lerchen und ein Zaunkönig
Haben ihr Nest in meinem Bart gebaut.»

Es war mal eine junge Dame, deren Nase
So lang war, dass sie bis zu den Zehen ging.
   Darum engagierte sie eine alte Dame
   Von verlässlicher Wesensart,
Die ihr die wunderbare Nase tragen sollte.

Zum Lobe der Wüstenrennmaus (Leserbriefe)

Sir, ich finde, Jane Adrian (19. April) hat nicht recht, wenn sie behauptet, dass man mit Gerbils nicht spielen kann. Mein Bruder und ich haben unsere Gerbils seit Weihnachten, und ich habe meinen jeden Tag draußen gehabt, ohne Ausnahme. Sie sind auch ganz herzige Tierchen, denn man kann sie in die Hand nehmen. Ich darf nicht vergessen zu erwähnen, dass meine Mutter sich nicht erinnern kann, jemals unsere Gerbils geputzt oder gefüttert zu haben, und Gerbils sind auch nicht dumm.
Ich habe meinem Gerbil schon ein paar Kunststücke beigebracht, und sie leben auch ganz schön lange. Man kann nicht verlangen, dass sie 11 oder 12 Jahre alt werden, denn sie sind ja so kleine Tiere. Sie sind viel leichter zu halten als Hunde, weil man für sie keine Leine kaufen und keine Steuer zahlen muss.
Mein Gerbil kann Baumwolle und Papier zerbeißen, ich wette, Hunde und Katzen können das nicht so gut. Hunde,

dogs, cats and rabbits can't crawl up people's sleeves like my girble can, at least I would just like to see them try.

> *Penelope Startin, aged 10,*
> *Dyke Cottage,*
> *Lightwater Road, Lightwater, Surrey*

Sir, gerbils are lovely pets to have. In our class-room we have 5 baby gerbils. They are small and pink. They haven't opened their eyes yet but we think they soon will. The mother and father are sleeping on the gerbils and they are feeding them with milk. They don't like the noise so we are keeping as quiet as we can. The gerbils don't take up much space.

> *Beverley Newman, 7 years old,*
> *Stafford County Junior School,*
> *Ringwood Road, Eastbourne, Sussex*

(The Editor would very much have liked to print all 25 letters received from Stafford County Junior School, but unfortunately there was not room.)

The Tadpole and the Frog

"Be ashamed of yourself," said the frog. "When I was a tadpole, I had no tail."

"Just what I thought!" said the tadpole. "You never were a tadpole."

> *Robert Louis Stevenson*

Katzen und Kaninchen können auch nicht den Leuten im Ärmel hinauf kriechen wie mein Gerbil. Ich wollte jedenfalls gern mal sehen, wie sie es versuchen.

Sir, Gerbils sind ganz süße Haustierchen. In unserem Klassenzimmer haben wir fünf Gerbil-Babys. Sie sind klein und rosa. Sie haben die Augen noch nicht aufgemacht, aber wir glauben, sie tun es bald. Die Mutter und der Vater schlafen auf den Gerbils und füttern sie mit Milch. Sie mögen keinen Lärm, darum verhalten wir uns so leise wie wir können. Die Gerbils brauchen gar nicht viel Auslauf.

(Die Redaktion hätte sehr gern alle 25 Briefe abgedruckt, die sie aus der Stafford County Junior School erhalten hat, aber leider ist zu wenig Platz vorhanden.)

Die Kaulquappe und der Frosch

«Schäm dich!» sagte der Frosch. «Als ich eine Kaulquappe war, habe ich keinen Schwanz getragen.» «Hab ich's doch geahnt!» antwortete die Kaulquappe. «Du warst überhaupt keine Kaulquappe.»

The Little Girl Named I

Once upon a time there was a little girl named I.

She was a very good little girl, wasn't she?

Yes, indeed; very good. So one day this little girl named I was walking all by herself in a green green field. And who do you suppose she meets?

A cow, I suppose.

Yes, that's right. It was a yellow cow. So ever so politely she says to this yellow cow "How do you do" and what does this cow say?

Does it say "Nicely, thank you very much"?

Yes. It does. And so this little girl named I is very glad, and she invites this cow to come to tea, but this cow doesn't like tea. So then they say "Goodbye" and away goes I through the green green field, all by herself. − By and by I was walking along and I saw a white horse eating green green grass. And what do you suppose this horse said?

Did he say "Hello"?

Yes, he did. And so this little girl named I said "Hello" too, just like that. And then they both laughed and laughed and when they got through laughing this little girl named I said to this white horse "I'm going to have tea and would you like to come along?" but this white horse didn't think he did.

You mean he didn't like tea?

Yes, that's right. And so then they said "Goodbye" and away goes I through the green green field, all by herself. − By and by I was walking and walking when whoever do you sup-

Das kleine Mädchen namens Ich

Es war einmal ein kleines Mädchen, das hatte den Namen Ich.
Ein sehr liebes kleines Mädchen, nicht wahr?
Ja, wirklich, sehr lieb. Eines Tages ging das kleine Mädchen namens Ich ganz mit sich alleine auf einer grünen grünen Wiese spazieren. Und was meinst du, wen trifft sie?
Vielleicht eine Kuh?
Ja, richtig. Es war eine gelbe Kuh. Da sagt sie ganz höflich zu der gelben Kuh: «Guten Tag, wie geht's?» Und was sagt die Kuh?
Sagt sie «Danke, ausgezeichnet»?
Ja, das sagt sie. Und da freut sich das kleine Mädchen namens Ich und lädt die Kuh zum Tee ein, aber die Kuh mag keinen Tee. Darum sagen sie zueinander «Auf Wiedersehen», und Ich geht weiter über die grüne grüne Wiese, ganz mit sich alleine. – Immer weiter und weiter ging Ich, und da sah Ich ein weißes Pferd, das weidete auf dem grünen grünen Gras. Und was meinst du, was sagte das Pferd?
Sagte es «Hallo»?
Ja, das sagte es. Und so sagte das kleine Mädchen namens Ich auch «Hallo», nichts weiter. Und dann lachten und lachten sie beide, und als sie mit dem Lachen fertig waren, sagte das kleine Mädchen namens Ich zu dem weißen Pferd: «Ich gehe Tee trinken, möchtest du gerne mitkommen?» aber das weiße Pferd fand, dass es nicht wollte.
Du meinst, es mochte keinen Tee?
Ja, so war es sicher. Darum sagten sie «Leb wohl», und Ich geht weiter über die grüne grüne Wiese, ganz mit sich alleine. – Immer weiter und immer weiter ging und ging Ich dahin, und was meinst du wohl, wen

pose I should find, sleeping in the sun and fast asleep.

Was it a pig perhaps?

Yes. It was. A pink pig. And what did this little girl named I say?

I suppose she said "How do you do."

No. She didn't.

Did she say "Hello"?

No. She didn't say "Hello."

Well then what did she say?

She said "Good morning, Mister Pig, and are you asleep?" And do you know what this pig said?

I guess he said he was.

No. He didn't.

Then I guess he said he wasn't.

No. He didn't say that either.

What did this pig say?

Well, he didn't say anything, because he was asleep. So then I went tiptoeing away so as not to disturb him because he was asleep; and ever so softly away goes I through the green green field all by herself. – Pretty soon this little girl named I saw a tree.

What kind of a tree?

It was a pretty big tree.

Was it?

It was. And who do you suppose was under this pretty big tree, all by himself?

I don't know. You tell me.

Shall I?

Yes. Was it a duck?

No.

Well what was it then?

Why, it was an elephant.

fand Ich da in der Sonne schlafend liegen, in tiefem Schlaf?

War es vielleicht ein Schwein?

Ja. Ein rosa Schwein. Und was sagte das kleine Mädchen namens Ich?

Ich denke, sie sagte «Guten Tag, wie geht's?».

Nein, das sagte sie nicht.

Sagte sie «Hallo»?

Nein, sie sagte nicht «Hallo».

Nun, was sagte sie dann?

Sie sagte: «Guten Morgen, Herr Schwein, Sie sind wohl eingeschlafen?» Und weißt du, was das Schwein sagte?

Es sagte wohl, dass es schläft.

Nein, das sagte es nicht.

Dann sagte es wohl, dass es nicht schläft.

Nein, das sagte es auch nicht.

Was sagte das Schwein dann?

Nun, es sagte überhaupt nichts, denn es schlief ja. So ging Ich auf den Zehenspitzen weg, um es nicht zu stören, weil es schlief. Sehr vorsichtig geht also Ich weiter über die grüne grüne Wiese, ganz mit sich alleine. – Und bald danach sah das kleine Mädchen namens Ich einen Baum.

Was für einen Baum?

Es war ein ziemlich großer Baum.

Ein ziemlich großer?

Ja. Und was meinst du, wer war unter diesem ziemlich großen Baum, ganz mit sich alleine?

Ich weiß nicht, sag du mir's.

Soll ich?

Ja. War es eine Ente?

Nein.

Was war es dann?

Es war wahrhaftig ein Elefant.

Really?

Yes. It was.

Well now. And whatever was this elephant doing under the tree?

He was eating. He was.

Eating? What was he eating?

He was eating bananas, all by himself.

Oh, you mean these bananas grew away up on the tree?

Yes. They did. And he was pulling them down with his trunk and putting them into his mouth and eating them. He was.

Well well. What did the little girl named I say when she saw him do that?

When she saw him eating bananas, you mean?

Yes.

She said "It's a pleasant day, isn't it?" that's what she said to him. And he said to her "These bananas are delicious, will you have one?"

That was very nice of him, I think, to ask her if she'd like a banana.

I think it was nice, too. So then this little girl said "Thank you very much" she said "But I'm going to have some tea, myself."

Did she ask this elephant if he'd like to come to tea?

Wirklich?

Ja wirklich.

Also gut. Und was machte dieser Elefant unter dem Baum?

Er fraß, jawohl.

Er fraß? Was fraß er denn?

Er fraß Bananen, ganz für sich allein.

Oh. Du meinst, dass die Bananen da oben auf dem Baum wuchsen?

Ja, da wuchsen sie. Und er riss sie mit seinem Rüssel herunter und steckte sie sich ins Maul und fraß sie. Das tat er.

So so. Und was sagte das kleine Mädchen namens Ich, als sie ihn das tun sah?

Du meinst, als sie ihn die Bananen fressen sah?

Ja.

Sie sagte: «Es ist ein angenehmer Tag, nicht wahr?» Das war es, was sie zu ihm sagte. Und er sagte zu ihr: «Diese Bananen sind köstlich, willst du eine haben?»

Das finde ich aber nett von ihm, dass er sie fragte, ob sie eine Banane haben wollte.

Ich finde es auch nett. Da sagte das kleine Mädchen: «Vielen Dank», sagte sie, «aber ich muss jetzt gleich Tee trinken gehen».

Fragte sie den Elefanten, ob er gern zum Tee kommen würde?

She did.

And what did he say?

This elephant, he said "Yes, I'd like to come to tea very much" he said.

Then he came to tea?

No. He didn't.

How was that? I thought he said he'd like to come.

He did. But then he said "I think I'd better eat these bananas that are growing up here, because if I should stop, they'd grow faster than I can eat them!"

That was a very good answer.

Yes. It was. So this little girl named I said to this elephant "Are you joking with me, shame on you?" and he said "Yes, I am joking with you, shame on me." So then she made kewpie eyes for him and he made kewpie eyes for her and then away goes I through the green green field, all by herself.

Who did she meet then?

Well, she didn't meet anybody for a long long time. But after a while this little girl named I sees another little girl just like her.

You mean this other little girl looked just like this little girl named I?

Just just just like her.

That was funny, wasn't it?

Yes, it was. And I said to this other little girl "What's your name?" I said "Because I'd like to know" and this other little girl she never said anything.

Not anything?

No. And then I said to this other little girl, just like this I said "Who are you?"

Ja, sie fragte ihn.

Und was sagte er?

Der Elefant, der sagte: «Ja, ich würde sehr gern zum Tee kommen», sagte er.

Dann kam er zum Tee?

Nein, er kam nicht.

Wieso denn das? Ich dachte, er hätte gesagt, dass er gern kommen würde

Zuerst schon. Aber dann sagte er: «Ich glaube, es ist besser, ich fresse die Bananen, die da oben wachsen, denn wenn ich aufhören würde, würden sie schneller wachsen, als ich sie fressen kann».

Das war eine sehr gute Antwort.

Ja, wirklich. Da sagte das kleine Mädchen namens Ich zum Elefanten: «Du machst dich wohl über mich lustig? Schäm dich!» Und er sagte: «Ja, ich mache mich über dich lustig und schäme mich auch». Und dann blinzelte Ich ihm zu, und er blinzelte ihr zu, und dann geht Ich weiter über die grüne grüne Wiese, ganz mit sich alleine.

Und wen traf sie dann?

Nun, lange lange Zeit traf sie niemanden. Aber nach einer Weile sieht das kleine Mädchen namens Ich ein anderes kleines Mädchen – genau wie sie selbst.

Du meinst, das andere kleine Mädchen sah genauso aus wie das kleine Mädchen namens Ich?

Ganz ganz ganz genauso.

Das war komisch, nicht wahr?

Ja, wirklich. Und Ich sagte zu dem anderen kleinen Mädchen: «Wie heißt du?» und sagte: «Das wüsste Ich nämlich gern.» Und das andere Mädchen sagte einfach gar nichts.

Überhaupt nichts?

Nein. Und dann sagte Ich zu dem anderen kleinen Mädchen – Ich sagte ganz einfach: «Wer bist du?»

And what did this other little girl say?
"You. That's who I am" she said "And You is my name because I'm You."
I suppose this little girl named I was surprised?
I was ever so surprised.
And what happened then?
Then I said to You "Would you like to have some tea?" I said. And You said "Yes. I would" You said. So then You and I, we went to my house together to have some tea and then we had some fine hot tea I suppose and some delicious bread and butter too, with lots and lots and lots of jam. – And that's the end of this story.

E. E. Cummings

Sounds of Animals

The sound a dog makes is bow-wow.
The sound a cat makes is purr-purr.
The sound a duck makes is quack-quack.
The sound a donkey makes is hee-haw.
The sound a mouse makes is squeak-squeak.
The sound a cow makes is moo-moo.

Und was sagte das andere kleine Mädchen?
«Du. Das bin ich» sagte es. «Du ist mein Name, weil ich Du bin.»
Das kleine Mädchen namens Ich war wohl erstaunt?
Ja, Ich war wirklich erstaunt.
Und was geschah dann?
Dann sprachen Ich und Du. Erst Ich: «Möchtest du Tee trinken?» – dann Du: «Ja gern.» Und so gingen Du und Ich zusammen zu meinem Haus, um Tee zu trinken, und da bekamen wir guten heißen Tee, jawohl, und köstliches Brot mit Butter und dazu ganz ganz ganz viel Marmelade. – Und das ist das Ende von der Geschichte.

Tierlaute

Der Hund macht wau-wau.
Die Katze schnurrt.
Die Ente macht quak-quak.
Der Esel macht i-aah.
Die Maus piepst.
Die Kuh macht muh-muh.

"For breakfast," said Mrs Troutbeck, "we have scrambled eggs with mushrooms, cornflakes and some orange juice, which I have unfrozen.
Where's Julius?"
Mr Troutbeck called their son Julius and they all sat down to breakfast.

"For lunch today we are having sardines on toast, a roll and butter, tomatoes and nothing for pudding.
Where's Julius?"
"Julius says he cannot have lunch with us to-day because he has made a little home in the hall with three chairs, the old curtains and the broom."
So Mr Troutbeck took the tray with the sardines on toast, a roll and butter, tomatoes and no pudding to the hall where Julius had made his little home out of three chairs, the old curtains and the broom.

"I've got the lamb casserole for supper out of the oven and the potatoes in their jackets and broccoli with butter on top and for afterwards there is roly-poly pudding.
Where's Julius?"
"Julius says he cannot have supper with us just at the moment because he is digging a hole in order to get to the other side of the world."
So Mrs Troutbeck took the lamb casserole, the potatoes in their jackets and broccoli with butter on top and the roly-poly pudding for afterwards to where Julius was digging his hole.

Wo ist denn Julius?

«Zum Frühstück», sagte Frau Trautbeck, «gibt es Rührei mit Pilzen, Weizenflocken mit Milch und etwas Apfelsinensaft aus dem Tiefkühler.»
«Wo ist denn Julius?»
Herr und Frau Trautbeck riefen ihren Sohn Julius, und sie setzten sich alle drei an den Frühstückstisch.

«Als Mittagsimbiss haben wir heute Ölsardinen auf Toast, Buttersemmeln und Tomaten, aber keinen Nachtisch.»
«Wo ist denn Julius?»
«Julius sagt, er kann heute nicht mit uns essen, weil er sich im Wohnzimmer einen kleinen Unterschlupf gebaut hat, aus drei Stühlen und den alten Vorhängen und dem Besen.»
Also brachte Herr Trautbeck das Tablett mit Ölsardinen auf Toast, einer Buttersemmel, Tomaten und keinem Nachtisch ins Wohnzimmer, wo Julius seinen Unterschlupf aus drei Stühlen und den alten Vorhängen und dem Besen gebaut hatte.

«Zum Abendessen habe ich eben den Topf mit Lammfleisch aus dem Backofen geholt; dazu gibt es Pellkartoffeln und Broccoli mit brauner Butter. Hinterher Rolli-Polli-Pudding.»
«Wo ist denn Julius?»
«Julius sagt, er kann gerade nicht mit uns essen, weil er ein Loch graben muss, durch das er auf der anderen Seite der Erde rauskommt.»
Also brachte Frau Trautbeck den Topf mit Lammfleisch, die Pellkartoffeln, die Broccoli mit brauner Butter und den Rolli-Polli-Pudding für hinterher in den Garten, wo Julius das Loch grub.

"For breakfast there is sausage, bacon and egg, toast and marmalade and also a glass of Three-Flavour Fruit Juice.

Where's Julius?"

"Julius says he cannot have breakfast with us today because he is riding a camel to the top of the tomb of Neffatuteum which is a pyramid near the Nile in Egypt."

So Mr Troutbeck took the tray with the sausage, bacon and egg, toast and marmalade and the glass of Three-Flavour Fruit Juice – and another for the camel – to Egypt where Julius was riding to the top of the pyramid.

"For lunch there is cheese salad with celery and tomato and an orange for pudding if you want it.

Where's Julius?"

"Julius says he cannot have lunch with us just at the moment because he is cooling the hippopotamuses in the Lombo Bombo River in Central Africa, with buckets of muddy water."

So Mr Troutbeck took the tray with the cheese salad with celery and tomato and the orange for pudding to Africa where Julius was pouring buckets of muddy water on the hippopotamuses, to keep them cool.

"Here are the grilled chops for supper. There are baby carrots, garden peas and mashed potato to go with them, and an apple crumble for pudding.

Where's Julius?"

"Julius says he can't have supper with us just at the moment because he is throwing snow-

«Zum Frühstück gibt es ein Würstchen, Spiegelei auf Speck, Toast mit Orangenmarmelade und ein Glas Dreifruchtsaft.»

«Wo ist denn Julius?»

«Julius sagt, er kann heute nicht mit uns frühstücken, weil er auf einem Kamel zur Spitze des Neffatute-Grabes reiten muss, das ist eine Pyramide in der Nähe des Nil in Ägypten.»

Also brachte Herr Trautbeck das Tablett mit Würstchen, Spiegelei auf Speck, Toast mit Orangenmarmelade und einem Glas Dreifruchtsaft – und einem zweiten Glas für das Kamel – nach Ägypten, wo Julius die Pyramide hinauf ritt.

«Als Mittagsimbiss gibt es Käsesalat mit Sellerie und Tomaten und eine Apfelsine zum Nachtisch, wenn jemand möchte.»

«Wo ist denn Julius?»

«Julius sagt, er kann im Augenblick gerade nicht mit uns essen, weil er die Flusspferde im Lombo-Bombo-Strom in Zentralafrika eimerweise mit Schlammwasser kühlen muss.»

Also brachte Herr Trautbeck das Tablett mit Käsesalat, Sellerie, Tomaten und einer Apfelsine zum Nachtisch nach Afrika, wo Julius gerade eimerweise schlammiges Wasser auf die Flusspferde schüttete, um sie zu kühlen.

«Zum Abendessen gibt es heute Kalbsschnitzel aus der Pfanne. Dazu gibt es junge Karotten, Erbsen und Kartoffelbrei als Beilage. Zum Nachtisch einen geriebenen Apfel.»

«Wo ist denn Julius?»

«Julius sagt, er kann im Augenblick gerade nicht mit uns essen, weil er von seinem Schlitten aus mit Schnee-

balls at the wolves from a sledge in which he is crossing the frozen wastes of Novosti Krosky which lies somewhere in Russia where the winters are long."

So Mrs Troutbeck took the tray with the chop, the baby carrots, garden peas and mashed potato and the apple crumble for pudding to Novosti Krosky which lies somewhere in Russia where Julius was throwing snowballs at the wolves.

"For breakfast we are having boiled eggs, toast and marmalade and the Tropical Fruit Juice that you wanted.
Where's Julius?"

"Julius says he cannot have breakfast with us just at the moment because he is watching the sunrise from the top of the Changa Benang mountains somewhere near Tibet."

So Mr Troutbeck took the tray with the boiled egg, toast and marmalade and the Tropical Fruit Juice to the top of the Changa Benang mountains somewhere near Tibet, where Julius was watching the sunrise.

"For lunch we are having spaghetti bolognese with lettuce and cucumber. For pudding there is plum duff.
Where's Julius?"

"Julius says he can't have lunch with us at the moment because he is on a raft which he has made from pieces of wood and old oil drums and he is about to shoot the rapids on the Chico Neeko River somewhere in Peru in South America."

So Mrs Troutbeck took the tray with the

bällen nach Wölfen schmeißen muss; mit dem Schlitten durchquert er die Eiswüste von Novosti Krosky, das liegt weit in Russland, wo die Winter so streng sind.»

Also brachte Frau Trautbeck das Tablett mit dem Schnitzel, den Karotten und Erbsen, dem Kartoffelbrei und dem geriebenen Apfel zum Nachtisch nach Novosti Krosky, weit in Russland, wo Julius mit Schneebällen nach Wölfen schmiss.

«Zum Frühstück gibt es weiche Eier, Toast mit Marmelade und den Kiwi-Fruchtsaft, den ihr so gern mögt.»

«Wo ist denn Julius?»

«Julius sagt, er kann im Augenblick gerade nicht mit uns frühstücken, weil er den Sonnenaufgang auf dem Gipfel des Changa Benang in der Nähe von Tibet beobachten muss.»

Also brachte Herr Trautbeck das Tablett mit dem weichgekochten Ei, dem Marmelade-Toast und dem Kiwi-Fruchtsaft auf den Gipfel des Changa Benang in der Nähe von Tibet, wo Julius den Sonnenaufgang beobachtete.

«Als Mittagsimbiss gibt es Spaghetti mit Soße, dazu Salat und eingelegte Gurken. Zum Nachtisch gibt es Pflaumenkompott.»

«Wo ist denn Julius?»

«Julius sagt, er kann im Augenblick gerade nicht mit uns essen, weil er sich auf einem Floß befindet, das er aus Brettern und alten Ölfässern gemacht hat. Er fährt auf dem Chico Nico, das ist ein Strom in Peru in Südamerika – gleich fährt er die Wasserfälle hinunter.»

Also brachte Frau Trautbeck das Tablett mit Spaghetti,

spaghetti bolognese, the lettuce and cucumber and the plum duff to the Chico Neeko River in South America where Julius was about to shoot the rapids on his raft.

"For supper today there is Lancashire hot-pot, and steamed pudding for afterwards.
Is Julius building a home out of old curtains, chairs and the broom?
Digging a hole to get to the other side of the world?
Riding a camel up a pyramid?
Cooling the hippos that stand in the Lombo Bombo River?
Throwing snowballs at wolves in Novosti Krosky where the winters are long?
Is he climbing the Changa Benang mountains, or shooting the rapids on the Chico Neeko River in South America?
Perhaps he is helping the young owls to learn to fly in the trees at the end of the road or tucking the polar bears in their beds somewhere in Antarctica?"
"Betty," said Mr Troutbeck, "tonight Julius is having supper at home."

John Burningham

Salat, eingelegten Gurken und Pflaumenkompott an den Chico-Nico-Strom in Südamerika, wo Julius mit seinem Floß demnächst die Wasserfälle runterfahren musste.

«Zum Abendessen gibt es heute Gemüse-Eintopf und hinterher einen Pudding aus dem Wasserbad.»
Baut Julius einen Unterschlupf aus alten Vorhängen, Stühlen und einem Besen?
Gräbt er ein Loch, um auf die gegenüberliegende Seite der Erde zu kommen?
Reitet er auf einem Kamel eine Pyramide rauf?
Kühlt er die Flusspferde, die im Lombo-Bombo-Strom leben?
Schmeißt er Schneebälle auf Wölfe in Novosti Krosky, wo die Winter so lang sind?
Besteigt er das Changa-Benang-Gebirge, oder fährt er in Südamerika die Wasserfälle des Chico-Nico-Stromes runter?
Oder ist er vielleicht damit beschäftigt, jungen Eulen beim Fliegenlernen zu helfen, in dem Wäldchen am Ende der Straße? Oder bringt er Eisbären zu Bett, irgendwo am Südpol?
«Betty», sagte Herr Trautbeck, «heute abend kommt Julius zum Essen nach Hause.»

Inhaltsverzeichnis

No Difficulties · Keine Schwierigkeiten   5

Birthday · Geburtstag   6 · 7

Every Day · Alltag   6 · 7

Karen at the Zoo · Karen im Tierpark   8 · 9

Going to School · Der Schulweg   10 · 11

Linda's Shop and Uncle Dick's Monkey · Lindas Laden und Onkel Dicks Affe   14 · 15

Powerful Magic · Starke Zauberei   14 · 15

Wet Holiday · Nasser Ferientag   16 · 17

Blacky · Blacky   18 · 19

Bed in Summer *(Stevenson)* · Schlafengehen im Sommer   22 · 23

A Miraculous Mixture · Ein Wundermittel   22 · 23

A Winter Story · Eine Wintergeschichte   24 · 25

The Kitchen Song · Das Küchenlied   26 · 27

A Good Day · Ein schöner Tag   26 · 27

The Little Panda · Der kleine Pandabär   28 · 29

Billy and Me and the Big Tall Tree · Billy und ich und der große hohe Baum   32 · 33

How Time? · Wieviel Uhr?   34 · 35

The Windy Day · Der windige Tag   36 · 37

George and the Big Balloon · George und der große Ballon   38 · 39

Growing Things · Etwas wachsen lassen   42 · 43

The Pillar Box · Der Briefkasten   42 · 43

The Tale of a Turnip · Das Märchen von der Rübe   46 · 47

Patch Goes Home · Fleck läuft nach Hause   50 · 51

A Sensible Girl · Ein vernünftiges Mädchen   56 · 57

Mary and her Lamb · Mary und ihr Lamm   64 · 65

Jack and the Beanstalk · Jack und die Bohnenranke   66 · 67

The Other Side of the Fence · Die andere Seite des
    Zaunes   74 · 75
Puggle's New Broomstick · Puggles neuer Besen
    88 · 89
English and German · Englisch und deutsch   100 · 101
The Pedlar of Swaffham *(Jacobs)* · Der Trödler von
    Swaffham   102 · 103
Two Limericks *(Lear)* · Zwei Limericks   106 · 107
In Praise of Gerbils · Zum Lobe der Wüstenrennmaus
    106 · 107
The Tadpole and the Frog *(Stevenson)* · Die Kaulquappe
    und der Frosch   108 · 109
The Little Girl Named I *(Cummings)* · Das kleine Mäd-
    chen namens Ich   110 · 111
Sounds of Animals · Tierstimmen   118 · 119
Where's Julius? *(Burningham)* · Wo ist denn Julius?
    120 · 121